电视刀目解析

主编 金琛

重庆大学出版社

图书在版编目（CIP）数据

电视节目解析／金琛主编.-- 重庆：重庆大学出
版社，2018.8（2023.9 重印）
影视传媒专业系列教材
ISBN 978-7-5689-0676-0

Ⅰ.①电…　Ⅱ.①金…　Ⅲ.①电视节目制作—高等学
校—教材　Ⅳ.①G222.3

中国版本图书馆 CIP 数据核字（2017）第177122号

电视节目解析

DIANSHI JIEMU JIEXI

主编　金　琛

策划编辑：唐启秀

责任编辑：杨　敬　　版式设计：唐启秀
责任校对：王　倩　　责任印制：张　策
＊
重庆大学出版社出版发行
出版人：陈晓阳
社址：重庆市沙坪坝区大学城西路 21 号
邮编：401331
电话：（023）88617190　88617185（中小学）
传真：（023）88617186　88617166
网址：http://www.cqup.com.cn
邮箱：fxk@ cqup.com.cn（营销中心）
全国新华书店经销
重庆升光电力印务有限公司印刷
＊
开本：720mm×1020mm　1/16　印张：11　字数：175千
2018 年 9 月第 1 版　　2023 年 9 月第 3 次印刷
ISBN 978-7-5689-0676-0　定价：34.00 元

序 言
PREFACE

　　中国电视业近几年来发展迅速,涌现出一大批收视率高、行业口碑和商业价值双丰收的现象级电视节目,伴随而来的是广电产业的形态、模式发生的巨大变化。而关于电视学现状的研究,基本上可分为两大类别:一类是以电视美学、电视传播学和文化研究为主的理论型研究,一类是以电视节目的前期策划、编导、后期制作包装为主的技术实践型研究。如何对这两类现状研究进行融合? 对电视节目的研究提供了最好的纽带,这一点在课堂教学过程中也得到了印证。

　　笔者在给广播电视编导专业的学生讲授电视的相关理论课程时发现,在课堂上,总是在案例教学时与学生的互动最活跃。在分析电视节目的过程中,学生会积极地参与讨论。笔者自己在备课时也常有体会:如电视传播规律,电视所涉及的社会学、文化批评等内容较为抽象,如何能让学生易于接受、真正理解,自己总是绞尽脑汁也难以达到目的;但是,这些内容一旦和具体的节目分析结合起来,很多难以理解的术语概念就能以具象的方式传递给学生,自己讲授起来也轻松不少。因此,电视节目案例评析不仅是电视编导专业学生的基础课程,还会成为后续理论课程学习的得力工具,这是笔者撰写本书的初衷。

　　《电视节目解析》这本书包括目前主流的电视节目类型,有新闻、谈话、脱口秀、真人秀、科教节目等。其写作方式也是按照从整体到具象的思路进行。全书架构按照节目类型划分章节,每一章节都会先对即将分析的节目类型进行概述,然后对几档时下流行的电视节目进行详细分析,包括节目出现的背景、发展的历程,节目的基本架构、编排规律、后期制作包装等。希望这样的结构安排,能够让读者从宏观方面把握电视节目发展的整体趋势,并在此基础上再去解读节目,会有更深刻、透彻、全面的认识。

囿于研究能力和写作水平有限,书中会有不尽如人意之处,诚恳地期待学界同仁和读者批评、指正。

在本书的写作过程当中,武汉传媒学院电影电视学院的屈定琴副教授对书目的架构提出了许多切实的建议,重庆大学出版社的向文平编辑给予了笔者莫大的帮助和支持,在此深深地感激他们!同时,也特别感谢重庆大学出版社给予笔者这一次与读者交流的机会!

金 琛

2018 年 3 月 15 日

目 录
CONTENTS

第一篇　电视新闻节目评析

【知识目标】

1. 熟悉电视新闻节目的选题特色；

2. 学习电视新闻节目的基本编排方法；

3. 了解电视新闻节目的语言风格。

【能力目标】

1. 能够了解电视新闻节目的基本构架；

2. 熟悉不同类型电视新闻节目导向的侧重点。

【案例导入】

收看凤凰卫视《华文大直播》。

播出时间：每天 19:00—19:45。

节目基本内容：节目关注社会上的热点话题以及突发新闻,深度挖掘、横向比较、追踪报道。节目从各个层面报道关注老百姓的喜怒哀乐,尽展人文关怀,充分利用凤凰卫视遍布全球各区域的记者站和特约记者,第一时间直击、报道新闻事件,让新闻当事人和采访记者讲述新闻背后鲜为人知的故事。

思考：

1. 这档电视新闻节目的选题有什么特色?

2. 这档电视新闻节目的编排有什么特色?

3. 这档电视新闻的语言风格是什么样的?

第一章　电视新闻节目概述

一、电视新闻的概念

电视新闻是以现代电子技术为传播手段,以多元素的图像、声音为传播符号,对新近或正在发生、发现的事实所作的报道。

二、电视新闻节目的分类

关于电视新闻节目的分类,目前比较统一的观点是将电视新闻节目分为三大类:消息类新闻节目、专题类新闻节目和评论类新闻节目。在各类节目中,又有多种报道传播方式与节目形态。

(一)消息类新闻节目

消息类新闻节目迅速、广泛、简要地报道国内外最新发生的事态,是电视新闻实现国内外要闻总汇的主要渠道,也是观众了解国内外大事的主要窗口。例如,中央电视台的《新闻联播》《新闻直播间》,各省、自治区、直辖市电视台的新闻联播节目。

(二)专题类新闻节目

专题类新闻节目是指综合运用各种电视表现手段与播出方式,深入报道某一重大新闻事件或某些具有新闻价值又为广大观众所关心的典型人物、经验、新出现的社会现象以及某一战线、地区新面貌等题材,独立播出的电视新闻节目样式。

这类节目以对新闻事实作详尽的有深度的分析、解释为特点,属于深度报道的节目,选题往往是政府工作中的难点、群众关注的焦点以及众说纷纭的热点。题材特点决定了这类节目时间比较长,节目内容比较丰富,信息量大。对这类节目的时效性要求,不一定是时间上的最新报道,而要求是适应当前形势需要的报道。作为深度报道的节目,它要求记者能在事实的基础上,对事实、问题作出分析,以自己精辟的分析、独特的见解引起观众深层的思考。此类节目有中央电视台的《新闻调查》和《焦点访谈》等。

(三)评论类新闻节目

评论类新闻节目是运用电视传播手段作出评论,是电视传播媒介对当前重大新闻或重要社会问题发表意见、作出分析判断或述评的一种电视报道形式。此类节目有中央电视台的《新闻1+1》,凤凰资讯台的《新闻今日谈》等。

三、电视新闻传播的特点

(一)即时性

所谓即时性,指电视新闻传播在电子媒介技术的支持下,实现了即时、同步(零时差)地采录和传递信息内容,最终消除人与人之间的物理时空差距,使信息源与所有的信息终端成为零距离的存在。其典型的传播形态就是我们通常所说的现场直播。

(二)表现手法综合化

电视新闻传播其实是一种直接诉诸人类感觉器官并借此通达于人类心理情

感的传播方式和结构形态。电视媒介的语言以声画同步的影像符号为基本元素，这种影像符号直接与人类器官的视听双通道相对应。同时，通过对人类视觉和听觉的反复冲击，产生一种综合性的感觉联动和统一的感知效果。因此，它是生动、鲜活、多姿多彩的。

（三）过程化

所谓过程化，指电视新闻传播是对事件运动、发展过程的全方位展示，而不是单纯地对事件发展结果的传达。通过对新闻事件发生、发展过程的直陈和展示，电视新闻传播呈现出一种具象性的结构形态，大大加强了新闻节目的可视性和吸引力。因此，有专家指出，电视的优势正在于对事件过程的展示，节目的魅力就来源于把悬念过程化。同时，对过程化的强调有助于详细地展示新闻事件发生、发展的细节，提高电视媒介描述和反映新闻事件、社会生活的广度和深度。

（四）权威性高

电视新闻多年以来树立的品牌形象，使其在受众心目中的可信度较高，如中央电视台这样一些权威性的媒体更是倍受受众追捧。作为大众心目中的权威媒介，电视新闻的制作要经过严格的审查并进行一系列的"把关"，在考察核实后剔除假消息。它要求最后呈现在受众面前的是经过精心制作的真实新闻。另外，电视媒体为受众选择的重点、热点问题，也应是受众关注的焦点新闻，再通过电视屏幕来展现给受众。

【实训】

一、训练目标

观看任意一期电视新闻节目，分析电视新闻的传播特点。

二、训练方案和要求

1. 观看不同类型的电视新闻节目。
2. 体会上述新闻传播的特点是如何在具体的新闻中体现的。
3. 体会这些特点在不同类型新闻中的不同呈现方式。

三、训练提示

1. 注意新闻评论的切入点。

2. 思考在新闻播报中字幕的作用。

第二章　经典电视新闻节目评析

第一节　解析《第一时间》

一、《第一时间》节目简介

开播时间：2003 年 7 月。

播出平台：中央电视台财经频道（CCTV2）。

播出时间：周一至周五 7：00—9：00。在工作日两个小时的节目中，分为 7：00—8：00 和 8：00—9：00 两个时段，第二时段基本上重复第一时段的内容。节目首播、重播联系紧密，形成了信息密集的大型早间新闻资讯板块。2004 年 4 月，《第一时间》推出了周末版，播出时间是周六和周日的 8：00—9：00。节目结构与日常工作日基本相似，只是考虑到休息日观众的作息习惯，节目首播时间从 7：00 推迟到 8：00，不进行重播。

1. 主要节目内容

《第一时间》由新闻和读报两大部分构成，内容涵盖社会经济生活的方方面面。节目以民生新闻为核心、以百姓利益为出发点，旨在以新鲜资讯唤醒人们每一天的生活，为大众提供一份有意义又有意思的资讯"早餐"。作为财经频道在早间的战略高地，《第一时间》不可避免地被深深地打上了财经的烙印，它密切关注财经领域的风吹草动,及时报道财经的最新资讯,进行财经领域的深入调查。同时,《第一时间》又不是一个纯粹、专业的财经栏目,它致力于做大众化的财经新闻,关注的是公众利益。因此,更为准确地说,它做的是社会经济新闻,是民生新闻。节目既关心国家重大经济决策、经济事件、经济现象、国际市场的经济动态,又关注百姓的消费、投资、理财、就业、医疗、教育以及楼市、车市、股市、汇市、水电油气等。

2.节目风格特色

节目以"资讯唤醒每一天"为节目口号,强调一样的新闻不一样的解读,体现早间新闻资讯类栏目的早间味、资讯味和人情味。

二、《第一时间》节目评析

1.新闻选题特色

(1)经济为主、兼顾其他

①新闻选题以经济类为主。《第一时间》作为中央电视台经济频道的一档早间新闻节目,"经济味"十足。该栏目选题以经济新闻为主,在没有特殊情况下,每天的头条新闻都是关系国计民生的经济新闻,从节目一开始,经济新闻就呈重拳出击之势。《第一时间》头条经济报道选题范围一般是最新公布的经济数据、最新出台的宏观经济政策或新近发生的重大经济事件,但并不是对最新经济数据、经济政策或新闻事件进行简讯式的播报,而是对最新数据、最新政策或新闻事件中与人民群众生活关系密切的方面进行深层次解读。节目把信息内涵向纵深拓展,或配以直观的数据简图,或配以经济事件的背景资料,或请有关专家提供意见建议,通过简洁、浅显的语言表达对国民经济的全方位思考,给观众的第一印象就是今天的"早餐"既"经济味"十足,又"营养"丰富易吸收。

②民生新闻经济层面的解读。《第一时间》在新闻选题上除了以经济类为主以外,也报道许多其他类型的民生新闻。但与一般新闻节目不同,《第一时间》对一些民生新闻一般是尽可能地从经济层面进行解读与分析。它也不是简单地停留在快速反映民情、满足观众收视兴趣这一层面,而是将民生新闻的

落脚点向深处拓展,关注老百姓的利益在大的经济背景下的变化,引导老百姓对宏观经济形势进行理性思考,帮助老百姓改善自己的生活环境、提高自己的生活质量。例如,在2012年12月24日关于圣诞节的报道中,节目就是在欧债危机的大背景下,通过解读欧债危机给欧洲普通百姓在选择如何过圣诞以及购买圣诞礼物上带来的一些变化,来讨论欧债危机对民众的生活的影响。

（2）软硬新闻一起"抓"

"硬"新闻是指时效性强、其内容相对重要和严肃的新闻,如涉及国家或者地方的重大决策、关系国计民生的大事、紧急突发事件等。"软"新闻是指富有一定人情味、具有趣味性或娱乐性较强的新闻。这类新闻不特别强调时效性,其新闻价值不够突出,需要经过编导后期的构思整理,甚至利用编辑艺术进行加工后,给观众提供一定的信息量和娱乐享受。

中央电视台《第一时间》的选题路线是软硬新闻兼顾,既为观众提供具有时效性和重要性的"硬"新闻,如"央行加息政策""亚投行的签约""达沃斯论坛"等新闻,又为观众提供具有实用性、贴近性的,相对较"软"的资讯,如"雨天行车安全""网购防骗""学区房"等。"软""硬"新闻双管齐下,二者相互融合、相互渗透、相互作用、相互衬托,使《第一时间》具有传播信息、指导生活、陶冶情趣的功能,成为千家万户的经济管家、生活顾问。

2. 新闻编排特色

（1）集纳式的资讯组合

"集纳简讯"是指把主题相同、题材同类的短消息编排在一起,过滤掉新闻中的修饰成分,以点成面、由面成体,打破简讯的零散感,把单条新闻化零为整地集纳在一起。这种信息组合方式从内容到形式均能给观众较强的刺激感,造成传播上的某种"强势",在给受众带来集中、精练及全面感觉的同时,也方便受众接收信息。

例如,2017年1月《第一时间》的"简讯",其中编排了有关春节的几条新闻:"2017年铁路春运方案出台""产品质量国家监督抽查结果发布""春节第一个工作日起,载客高峰期禁入五环"。这就是一个关于我国节日安排的新闻集纳,观众看过之后不仅了解了信息,而且感到我国节日期间的运输事业有良好的规划,人们可以放心出行。另外,对节日期间食品安全问题,国家给予严格把控,人们可以过个放心年。类似这样的编排还有很多,这样的宣传能够达到潜移默化、润物无声的境界。

（2）板块式的编排策略

《第一时间》在栏目的编排中采取了版块编排策略,设置包括新闻、昨日今晨、天气、互动话题、生活早间秀、昨日之最、看天下、读报说网等板块,把新闻、知识、文化、娱乐和服务性内容融为一体,使原本杂乱的内容变得有序且充满了节奏感。这样的编排方式不但满足了观众对信息的需求,还增强了栏目结构的清晰度、层次感,显得条理清楚、脉络分明。

（3）一张一弛的编排节奏

《第一时间》是早间大型直播新闻节目,早间时段的播放特性要求节目节奏要适应早间受众的心理要求。因此,节目主要通过多头条的设置、长新闻和短新闻的穿插两种手法达到节奏富有韵律且张弛有度的目的。

①多个头条要闻的设置。多头条新闻的设置使节目有多个"亮点",容易引起观众的多次注意,增加观众的兴奋点。多兴奋点的出现则会使观众感觉节目节奏富有韵律而张弛有度,观众的情绪呈现时而兴奋、时而平静的波浪式起伏状态,有效地减轻了观众在接收新闻这一过程中可能产生的疲劳感和乏味感。

②长短新闻的穿插。《第一时间》新闻主要采用消息和简讯的形式,这主要是因为一方面,节目时间的有限性在客观上不允许每条新闻报道都详尽具体;另一方面,观众在早间没有耐心欣赏冗长的报道,希望单位时间里获得的信息量越大越好。《第一时间》运用消息、简讯的长短不一的特性,通过穿插安排这两种新闻体裁,达到了控制节目节奏的目的。此外,几个不同的新闻板块里长短新闻交错穿插,使节奏富有弹性、张弛有度,既能满足观众在尽可能短的时间里了解重大事件、掌握一般事件的要求,又能兼顾节目时间有限性这一客观事实,让观众在轻松愉悦的心情中收看电视节目。

3.节目独特的语言风格

（1）说新闻

说新闻是指广播电视节目主持人用讲话的方式对新闻节目进行传播,这是一种口语化的表述方式。在《第一时间》中,主持人以说和聊的口吻介绍新闻事实,在报道时对新闻事实进行分析、解释、说明、补充和加工,采取灵活多变的方式引导观众理解和接受新闻事实。

(2)软评论

《第一时间》中的评论有其独特之处,也就是我们常说的"新闻软评论"。它主要是综合运用画面、音响、光线等电视元素与符号,充分调动各种电视表现手法与技巧,以故事的形式表现新闻事实,注重通过"怎样讲故事"和对电视语言的巧妙运用,隐性表达意见性信息。它是一种柔和、委婉的评论样式,通常是间接、隐蔽地表达出观点、意见、态度或倾向。例如,关于"山寨相机"的评论:"山寨相机虽然便宜,但质量没有保证,售后服务就更谈不上。在选购相机的时候,还是谨慎点好,别占了小便宜吃了大亏啊。"还有对"××水源事件"的点评:"群众的眼睛是雪亮的,立业还需靠诚信为本。"关于"准妈妈被早生"事件的点评:"几岁能入学该怎么定?我说了不算。不过看看那些赶在9月1日前剖宫产的准妈妈们,我认为,该动刀的不应该是她们,而是这个不合理的规定。"这些点评短小精悍、发人深省,说到了老百姓的心坎里,具有一针见血的功效。

【知识链接】

早间电视新闻节目特点

一、早间新闻节目的观众特点

①对于城市里的人而言,早上是一个相对忙碌而紧张的时段,大家多为上学、上班作准备或者参与晨练。因此此时的电视观众处于一种片段性、随意性、分散性的收视状态,这种状态比一天中其他任何时段的观众都更为突出。他们往往一边干着别的事儿一边看电视,基本上以"听"电视为主。

②早间电视新闻节目的观众也并不是一成不变的,随着时间的流动,观众结构也发生了变化。在早晨6:00到7:00,观众以上班族为主;在早晨8:00之后,就会以家庭主妇和留在家里的老人为主。

二、晨间新闻节目的内容特征

①早间时段观众紧张的收视状态就决定了在早间新闻中不可能都是政策性

的大新闻,观众在节目中更想了解到的是天气、出行以及即时的新闻消息。这就决定了早间节目在内容上要贴近百姓,以生活服务类和实时及时事新闻类为主。

②由于观众结构会发生变化,早间新闻也会分时间段播放不同主题的内容。在早晨6:00—7:00,节目内容的服务对象以上班族为主,他们最希望了解的是昨晚到今晨又发生了哪些新闻、产生了哪些热点话题、今天又有哪些预期中的大事将要发生,在出门之前可以了解到天气情况以及道路交通情况。在早晨8:00之后,节目的服务对象就主要是家庭主妇和老人,他们可以边整理家务边收看电视新闻节目,这时节目播出的实用生活资讯或者具有娱乐性的节目就正好满足了他们的需求。

三、早间新闻节目的风格形式特征

1. 节目风格

早间电视新闻节目观众分散的收视状态决定了早间电视观众往往是"心不在焉"地收看电视节目,不会给予电视节目太多的注意力,信息接收主要依靠耳朵,以"听"为主。以"听"为主的收视状态客观上要求早间电视新闻节目要善于借鉴广播的传播手段,加强听觉符号的传播,新闻标题要简短、简洁,让人一听就懂;主持人播报新闻要避免使用生硬的"播音腔",要顾及观众的听觉感受,注重语音语调的通俗化、口语化,常常采用当今流行的"说新闻"的播报方式。

人们在早晨都希望有一个良好的心理状态,从而开始一天的工作、生活,而打开电视机后,早间电视节目的风格往往影响着观众的情绪。因此,早间电视新闻节目的风格大都欢快、清新、向上,充满生机。

2. 节目形式特点

①节目的节奏比较快,主要体现在每一条新闻都比较简洁,以提供信息为主,不会附加过多的评论。

②节目中会比较注重下一个时段重点内容导视的播出。

③节目会在不同的时段,选择性地滚动播出尽可能符合观众需求的新闻内容。

④早间新闻会比其他时段的新闻节目更善于运用声音和强调声音的作用,语言的冲击力在早间新闻得到了最大限度的发挥。

【实训】

一、训练目标

掌握晨间新闻播报内容、语言风格的选择应符合晨间新闻的特点和观众的需求。

二、训练方案和要求

1. 思考：哪些新闻内容适合放在晨间新闻节目中？

2. 思考：在晨间新闻中，主持人以什么样的语气和表述方式播报新闻比较合适？

三、训练提示

注意晨间新闻节目中主持人的形象设计和整体节目的包装如何与节目风格相契合。

第二节　解析《东方直播室》

一、《东方直播室》节目简介

开播时间：2010年3月。

播出平台：东方卫视。

播出时间：每周一22:00—23:30。

主要节目内容：《东方直播室》是一档融电视、网络、短信直播等多种传播手段于一体的时事辩论民意调查类节目，观众可以通过电视、网络和手机屏幕与现场互动，实现节目和观众对话。节目几经改版，始终秉承"直播转型中的中国"和"梦想离不开现实的关注"这两个主题。节目内容紧扣当下热点新闻事件以及引起广泛关注、值得讨论的社会现象，邀请新闻事件当事人到现场，让正、反双方意见嘉宾深入探讨核心问题，给予各方观点平等、公开的表达机会，在观点的激荡中提供有价值的新闻信息和建设性意见,体现社会关怀。

二、《东方直播室》节目评析

1. 选题特色

《东方直播室》的节目选题通常涉及近一段时间在社会、文化等方面发生的重大事件、焦点或热门话题,具体由天涯社区的网友投票选出,再由节目组请来新闻当事人、各界学者、专家、名人担任嘉宾发表意见或精辟见解。节目以讨论的形式进行,实话实说、直话直说、广开言路。节目在选题上多关注中国社会转型时期的众生百态,荟萃社会文化热点、聚焦敏感新闻事件,注重对与普通百姓的生活有深层次关联的民生问题进行深入探讨。因此,节目的选题定位具有以下几个特点。

(1)时效性

《东方直播室》在话题形态的选择上注重时效性,所谈论的话题内容都是正在发生的事件,即话题具有较高的时间新鲜度,紧跟最热门的新闻事件。例如,在 2014 年 9 月多位明星吸毒丑闻曝光后,推出"明星吸毒之后"的讨论;在"双十一"一词在中国成为新一代的网络购物代名词之后,节目紧贴这一潮流,在 2014 年 11 月 11 日也就是"双十一"当天,及时推出了"谁的'双十一'"专题;在 2015 年 11 月电梯事故新闻频出后,立即策划了"电梯吃人该怪谁"等。这些节目的推出时间与热议话题的时间段几乎是重合的。

(2)争议性

争议性也被称为冲突性,指的就是在每个话题背后都具有多元化的价值判断标准。争议性也是电视论辩评论选题的最大特色和最重要的元素。有抗辩性和挑性是节目选择话题的基本原则。首先,很多话题名称就可以让受众对节目要辩论的内容一目了然:"青年人该不该重拾'铁饭碗'?""老人摔倒该不该扶?""婚姻该不该'算计'?"等。其次,有很多选题也会因为社会背景、多元价值观等原因引发大家的热议:"职业理想该为现实妥协吗?""老夫求少妻,你能接受吗?""我是单亲,错了吗?"等。

这样的争议性作为节目的一个突出亮点,充分调动了不同意见的嘉宾和受众的参与愿望和表达的积极性。此外,谈话场中观点的碰撞和对立,产生一定的话语张力,不仅能激发受众"听"和"看"的欲望、体会和感受语言的魅力,还能让受众很好地理解和把握话题的深度与广度,即话题的思辨色彩,从而获取对自己生活有用的信息。

(3)贴近性

要让节目中对话题的讨论引起人们的观看兴趣,话题必须贴近普通观众的生活。因此,节目选取的新闻事件与个人生活和社会发展的关联性强,有的甚至紧密联系受众的切身利益。

《东方直播室》所选择的话题,均由天涯社区的网友投票选出。天涯社区是中国网民较为活跃的群落之一,他们投票选出的话题多具有比较广泛的民意代表性,基本上贴近当下的社会生活。这种大众的积极参与也让话语权更具草根的基础,如"家庭暴力谁之过?""医患关系怎么了?""为孩子购买学区房,值得吗?"等。这些贴近百姓日常生活的选题也更能引起受众的共鸣,从而有效地增强节目的互动性、增加可看性。

2. 多元话语空间——嘉宾的构成及特点

论辩类节目的嘉宾是话题的载体,嘉宾对话题的推动作用,主要体现在具有不同价值判断的嘉宾之间的争辩过程。这个过程是多重话语空间的延展,也是多元思想的交锋,最终促成一个多元价值沟通和融合的局面的形成。因此,节目中嘉宾的选择和角色定位对节目的效果具有重要的意义。

(1)嘉宾的构成

①新闻当事人或者知情人、亲历者。《东方直播室》每一期都会请来特殊的嘉宾——新闻当事人或是与新闻事件相关的人士现身说法,陈述他们的心声。他们顶住各种压力走进新闻现场,与在场的嘉宾零距离接触。这些当事人或者亲历者在节目现场的意见表达更具真实性、更有说服力;同时,当事人在讲述自己的亲身经历时往往带有个人情感色彩,更易感染他人。另外,节目组希望通过嘉宾与当事人面对面的交流来揭开事情的原委,达到理性辩论的目的,避免"空对空"的理论交锋。

在"家庭暴力,该不该?"这期节目中,就请来了新闻主角李阳。他是知名的英语教学推广者,却因对妻子实施家庭暴力而与其对簿公堂,引发了社会的关注与讨论。由于李阳及其相关知情者的到来,节目提供了许多真实的细节信息,纠正了之前诸多报道中的谣言与误传，还原了新闻事件的真相，使得受众和嘉宾能够从更客观、理性的角度来思考家庭暴力问题。

②相关的专家、学者。《东方直播室》请来相关的专家学者对问题进行观点解读，对现场讨论进行梳理。他们信息掌握更丰富，知识储备更厚实，专业研究更深入、细致，因此其话语的可信度和权威性自然也超出普通人。一方面，他们可以运用专业知识为当事人提供实实在在的帮助；另一方面，他们也在一定程度上引领着节目正面、向上的价值导向。

同样在"家庭暴力，该不该？"中，节目组请来了法律专家、律师、心理辅导师、社会学教授等相关专业人士。他们为事件当事人提供专业的法律咨询，也为观众普及法律知识；同时，他们从心理学、社会学、教育学、文化背景等多方面分析家庭暴力问题，让观众从最初一味地指责逐渐转变为从更多的维度更深刻地思考和参与讨论。

③政府部门主管。节目组会根据讨论话题的需要，不定期地请来相关的政府部门主管。因为政府部门是解决问题的行政部门，因此对政策的解读和社会问题的掌握更加透彻。请他们来做嘉宾，一方面可以加强百姓与政府部门的交流；另一方面，也有助于相关的领导阶层对社会民情的掌握，有益于政策的制定与修正。

在"食品保卫战，你准备好了吗？"关于地沟油的讨论中，节目组就请来了当时的市食品药品监督局办公室主任，为大家普及了关于食品安全的知识，以及政府部门对食品安全问题监管的权责。

④普通观众。《东方直播室》作为辩论型电视评论节目，另外一个重要的特色就是现场观众的深度参与。现场观众不再仅仅是围坐在主持人和嘉宾身边，聆听、鼓掌，偶尔提几个问题、发表几句简短的言论，作为节目的一个背景、道具存在，而是节目的重要组成部分。现场观众与嘉宾、主持人共同构成评论的主体，他们一般坐在嘉宾的身后，分成对等的两大阵营。他们是连接正反两方嘉宾的"桥梁"，是现场辩论的"润滑剂"。现场观众的意见与观点不仅受到重视，还可以随时通过举手中的"赞成"和"反对"牌来对嘉宾的观点进行表态；更重要的是，现场观众可以质疑专家学者所发表的言论。这就使现场观众与嘉宾和主持人的交流成为一场真正意义上的人与人之间观点和情感的沟通。

（2）嘉宾的作用

①多元信息与观点的呈现。传统的新闻评论是一种灌输式的思想表达方式，评论者自说自话、观点单一，而在当今民主社会和多元价值体系的建设中，这种方式显然已经不合时宜，受众也不再满足于此。这是因为，对待同一个问题不同的人有不同的心理诉求。

《东方直播室》节目请来代表不同利益群体的嘉宾，他们是最直接的意见性信息的表达者。对于同一新闻事件，他们从各自的认知角度对新闻事件及新闻背后的信息进行解读，对相关政策提出质疑和认同，发表自己独特的见解，甚至通过大量翔实的数据、资料来论证自己的观点。主持人也会偶尔客串某一嘉宾的立场来参与讨论。不仅演播室内嘉宾们的意见不同，场外观众也能通过实时在线的互动方式来表达自己的观点。这种群言式的讨论，不管是代表官方的、媒体的，还是民间的意见，通过现场意见的交流与碰撞，都能使一个问题呈现出不同的观察角度，让讨论话题包含的丰富信息得到全面呈现，更加真实地反映出生活的本来面目，让观众可以更客观、理性、公正地思考问题。

②烘托节目的现场气氛。嘉宾是电视论辩评论节目的主要谈话者。他们抱持不同的理念，通过每次的焦点话题发表意见或精辟见解，以辩论的形式对相关辩题进行大讨论。这使得他们担负起营造电视辩论、评论现场话语场的重任。正是他们对立思想的交锋、激烈的语言冲突，烘托了辩论现场的气氛。

在"如此做慈善你支持吗？"中，新闻主角举债百万元做慈善的行为是否值得坚持，引发了现场嘉宾的激烈讨论，论辩现场火药味十足、节奏跌宕起伏。特别是在"黄鹤夫妇做慈善，家人买单受牵连"这一问题讨论中，支持者和反对者双方各执一词，情绪颇为激动，语言表述中的攻击性越来越强烈，将节目的气氛一度推向了高潮。

③多元化的思想交锋呈现民主参与气氛。《东方直播室》在嘉宾的选择上注重多层面，而多层面的嘉宾带来了多元的价值判断。每个嘉宾背后所具备的不同的文化背景、不同的地域、不同的利益取向，在辩论中精彩碰撞、让辩论好看鲜活，使整个过程既是意见的交流，又是思想的汇集和交锋。

由于节目给了普通观众直接参与话题讨论的机会，他们可以对其他嘉宾的言论提出支持或者质疑、反对，能够与其他嘉宾同台较量。他们不再只是充当节目背景或者简单地起着鼓掌的作用,而是实现了身份的转变。这体现了公众对社会公共事务的民主化参与,使得辩论场上的民主氛围浓厚。

3. 主持人的角色定位

在电视论辩评论节目中,主持人是一个非常关键的因素。他不仅要引导和组织节目的开展,还要平衡场上嘉宾的辩论冲突,公平地分配话语权;他既强调交锋又强调宽容,适时地进行点评以引导舆论和控制场上的节奏,发挥好控制情绪、把握节奏和引导正确价值观的作用。例如,每当辩论双方过分激动甚至近乎失控时,主持人都会及时引入观众或网友发言作为调节,缓解紧张的气氛;当新闻当事人感到委屈泣不成声时,他会适时地送上安慰;当新闻当事人执迷不悟、听不进众人的衷心劝导时,他又会不动声色地提出中肯的建议。正是这种看似中立但却充满睿智的主持风格,使节目得以顺畅地进行,不至于因为当事人或嘉宾的情绪失控而中断。因此,如何掌控整个局面,做到松紧适中、张弛有度,这是对主持人平衡能力的考验。

(1)必要时主动煽风点火,挖掘有价值的切入点

主持人要根据节目的需要,适时地"挑"起话题的争议点,激起嘉宾与现场观众的辩论热情,来积极推动节目的进程和控制节目的发展。此外,还可以增加节目的激烈程度,引导嘉宾进入更深的话题层面。这种技巧在辩论刚刚开始或者辩论双方出现冷场时是十分有效的,可以引导嘉宾很快进入"竞技"状态,从而活跃了辩论的氛围、增加了节目的观赏性。

(2)防止情绪激化,平衡各方面的话语权

主持人会用"离间"的方式,对话语权进行调配,鼓励劣势群体发言,平衡辩论冲突,实现对辩论场的控制。

主持人通常会在开场提出一个争议点,然后请双方的每一位嘉宾都对这个议题进行辩论发言。这样不仅保证了每位嘉宾的意见都得到公平的表达,而且对随后的辩论秩序起到一个良好的示范作用。随后在辩论的进程中,主持人又会不断地通过调配发言权,打断情绪激动的谈话者,对相互质询、抢白不断的嘉宾和观众进行控制。这样,主持人一方面保证了谈话气氛的平衡,很好地把握了分寸,不让谈话中激烈的气氛超过一定的尺度;另一方面,使各方观点的平衡,即客观、中立,避免因话语权的偏倚使观点交锋有失公允。

（3）准确地总结归纳，寻找分歧中的共同点，升华主题

主持人在每期节目快结束的时候，都会有一个简短的总结，将热烈讨论中的各类意见综合归纳，取各家之长、补各家之短，把问题上升到一定高度，以求得人们在一些问题上的融合和共通。

4.“三网融合”的新媒体技术

《东方直播室》采用“三网融合”技术，建立了“三屏合一”的意见平台。观众和网友可以通过手机短信、互联网和IPTV一起参与现场互动，实现公共性、开放性的对话。这种媒体融合优势显著。

（1）话题选择的民主性

如前所述，《东方直播室》所选择的话题，均由天涯社区的网友投票选出，这种民主票选的话题十分具有针对性。这不仅仅是因为天涯社区的热点话题与民生话题讨论的特殊性，也因为节目在制作中积极利用新媒体在线采集了话题信息与数据，选择了社会关注度高、话题讨论性强的热点。

（2）观众参与的广泛性

不论是话题的投票选择，还是直接参与话题讨论，观众都借助手机和网络成了节目的中坚力量。例如，节目通过天涯社区征集来50名网友，分为红蓝方各25人，形成两军对垒的架势，各方将会有6位网友能抢到沙发，代表本方辩战。观众可以通过手机3G网络，以网络视频连线等方式参与讨论。讨论内容在节目现场以LED屏的方式呈现，使现场的辩论过程更加激烈，高潮迭起。在话题讨论的过程中，任何观众都可以针对话题发送手机短信留言，电视屏幕下方会滚动直播更新观众的感受和看法，所有人都可以看到各种声援赞同或者愤怒反对的声音。

（3）节目效果反馈的真实有效性

在《东方直播室》的话题讨论中，主持人会要求观众们现场表态投票。此时，除现场观众可以参与外，场外观众也可以通过手机进行投票，最大限度地搜集了民意。节目同样以LED屏幕即时告知投票结果，使观众清晰地了解到大多数人的态度，更具有真实性。

此外，节目组还开通了官方网站、百度贴吧，为节目提供反馈平台。观众可以针对节目内容在这些论坛上发表评论，提出意见和建议，这是一种非常有效的

反馈方式。

借助新媒体的多元化技术手段，《东方直播室》呈现出了更鲜活的节目形态，给了观众更多亲身参与节目的机会，扩大了节目的影响力。

【实训】

一、训练目标

熟悉在大众参与的新闻辩论节目中如何选择话题。

二、训练方案和要求

根据文中分析的选题标准，选择几则适合做此类新闻节目的新闻消息，并分析其可能存在的争论角度。

三、训练提示

在选择具有争议性话题时，请注意其可能造成的社会影响，在现场讨论时能否控制其讨论的程度。

第三节　解析《新闻1+1》

一、《新闻1+1》节目简介

开播时间：2008年3月。

播出平台：中央电视台新闻频道（CCTV 13）。

播出时间：每周一至周五21：30。

主要节目内容：《新闻1+1》是中央电视台新闻频道仅有的一档"时事新闻评论直播节目"，每期节目从时事政策、公共话题、突发事件等大型选题中选取当天最新、最热、最快的新闻话题，如国内外重大事件、社会热点、突发新闻等。再由节目主持人作出解析与评论，以期对事态发展趋势作出预测与展望。同时，深入挖掘事件的真相和内幕，并配以短片、现场报道、电话连线等基本形式，力求观点明晰、言论有理、论证有力,达到为公众提供更全面、更快捷的新闻信息和背景信息的目的。

二、《新闻1+1》节目的背景

《新闻1+1》的前身是2006年停播的《央视论坛》。它创办的初衷是对各种媒体提供的新闻事实中最受关注的内容进行解读,以求能够做到"透过现象说本质",而不仅仅是评价新闻。虽然表面看来,节目一直严格按照节目的宗旨选题、制作,但具体的实践证明,栏目在具体的操作过程中的确背离了初衷。就其话题而言,虽然较为平均地涉及国内社会、政治、经济、文化等各个层面的热点,但定位并不明确,出现了很多问题,如"叙述部分占了主导""政治话题多为政治文件解读""时效性不强"等。

后来,中央电视台又推出了由白岩松、水均益等人对当天新闻进行全景式、全方位的深入报道和解析的新闻评论类节目《360》。但在具体实践的过程中,一档栏目里却包含多种新闻报道方式,名为时事解析,实则贪大求全,违背当初的栏目宗旨,从而被停播。

正是在这样的背景下,中央电视台新闻频道于2008年3月24日推出了《新闻1+1》这一电视新闻评论类节目,由白岩松、董倩、李小萌联袂主持。它打破了传统的新闻栏目播报制度,突破了以往评论类节目的录播形式,使用现场直播,向观众展现当天新闻话题的事件全貌,解读事件真相,首次引入了"新闻观察员"的全新概念。《新闻1+1》自开播以来,不仅赢得了收视率,也赚足了业内的口碑,曾经获得过"中国最具网络影响力的CCTV栏目""年度栏目""最佳时评节目"等荣誉称号。另外,还成为国内诸多学者的研究个案。

三、栏目构成要素分析

1.选题是节目架构思想的基础

在电视新闻评论节目的制作过程当中,在众多的操作步骤中,新闻选题是至关重要的一环。一个好的新闻选题不仅能够引起受众的共鸣,同时能够提升栏目的品质。《新闻1+1》节目为使其讨论的话题不仅具有较强的社会意义,能够引导正确的舆论导向,同时可以引起更多受众的关注和参与,在选题上具有以下3个典型特征。

（1）对党和政府重要决议、法律法规和政策的解读及其执行情况的监督

节目通过对这些重大选题的深入解读,用通俗易懂的语言将艰涩的条款或者国家外交、经济发展等重大议题传达给电视受众,以满足受众需求。例如,选取 2015 年 11 月到 2016 年 2 月四个月的节目为样本来看,有将近三分之一的选题是关于我国的大政方针以及政治经济发展问题,包括"中美关系""台湾地区选举""中国经济增长放缓"等重大议题。

（2）关注民生权益

节目中相当一部分选题是与人民利益、现实生活相贴近的问题。对民生新闻的分析和评论,体现出对普通人生活的关照与重视,更能够拉近节目与观众的距离,实际上体现出一种人文关怀。例如,在 2016 年 2 月的选题中,讨论了春运、医院号贩子、网络诈骗等问题,都是与大多数受众的生活息息相关的。节目分析了这些新闻背后的成因,给了观众启发,也呼吁相关部门引起重视或者加强管理,充分表达了对民生权益的重视。

（3）典型事件及突发性事件

节目的另外一个选题倾向是关注社会热点问题以及一些突发性事件,包括自然灾害、恐怖事件、社会冲突、公共卫生事件等。对于这些重大新闻和典型事件,节目的评论能把握好舆论引导,体现出媒体舆论监督的功能。

例如,2015 年 12 月世界互联网大会的专题、"关于掏鸟蛋被判 10 年""深圳滑坡紧急救援"等选题,评论员们在节目中理清了事件真相。通过正面的分析与评论,不仅为受众呈现了新闻事实,也很好地把握了正确的价值取向以及舆论导向。

2.节目的灵魂——主持人

（1）多元化的身份

自 2011 年 8 月改版后,《新闻1+1》节目仅由一人担任主持人和新闻观察员,拥有双重角色。但是,对于一些特殊话题,节目依然会请嘉宾到现场或者通过电话连线来进行评论。对当下电视新闻评论节目来说,主持人作为节目形象这一特征符号在逐渐淡化,个人独立的主体化特征不断地得到加强。他们不再只是

新闻内容的叙述者,而是参与节目制作的生产者和对事件形成观点的意见表达者。

(2)节目的掌控者

首先,节目要提供完整真实的新闻资讯,然后才能评论,它是基于两者的结合。那么,在这个节目中,各种新闻背景信息如何与评论交替提供？主持人如何通过交谈引导嘉宾进行有效评论？主持人对节目的每一个环节是否了如指掌？是否能够全面控制整个节目？所以,《新闻1+1》的节目主持人担当着"推进节目进程、沟通节目关系"的责任,因此,他是该节目最重要的掌控者。

(3)对话者的角色

在《新闻1+1》节目中,主持人还需要和嘉宾进行现场对话或电话连线进行沟通,演绎一个对话者的角色。首先,在倾听的过程中,通过不同的语气、动作、表情等与嘉宾交流,以期营造一个良好的人际沟通氛围,提高嘉宾的评论热情。另外,在与嘉宾的对话过程中,可以从嘉宾的反馈中捕捉到新的信息,从而将评论引向更多元化的角度或者更深的层面,提高嘉宾评论的质量。例如,2015年12月3日关于"掏鸟蛋被判10年刑期"的话题,在电话连线中,主持人通过深挖嘉宾回答中的信息,让观众从多元角度来思考这一问题。

(4)评论员

在改版后的《新闻1+1》中,主持人也担纲着评论员的角色。他们依靠自己的经验、学识与智慧,在边看边说中,挖掘"新闻背后的新闻"。同时,通过自己个性化的观点和表达,剖析问题,在节目中起着"灵魂"的作用。因此,在节目中,主持人不仅是一个串联者,而且对节目观点的阐发脉络进行宏观上的把握,在每一个"关节点"提出疑问,对新闻意见进行有益的补充和平衡。

3.评论特色

(1)"1+1"的对话模式

《新闻1+1》在形式上属于半访谈型的新闻评论节目,它通过主持人与评论嘉宾的一问一答展开时政评论。因此,"1+1"的对话模式成了节目的主要表达形式。

(2)以"评"为主,新闻信息为辅

淡化新闻事实报道,将新闻作为由头和背景,核心是观点;逻辑严密的语言取代了生动感性的影像,增强主观色彩和思辨性。《新闻1+1》画面较为简单,主要是在补充新闻信息的短片和主持人与时事评论员之间的对话中进行转换,真正吸引受众的是评论员们精辟的解读和独特的观点。

(3)争取第一解释权

美国全国广播公司在其新闻报道业务准则中,在"评论·述评"一节中提出如下原则:记者有权展望事态的前景,可以进行解说和分析。这既是一种权利,也是他们的职责。

在新闻事件发生之后,民众多会倾向于相信他们最早获得的新闻消息,同样,评论也具备时效性问题。新闻事件发生后,谁的解释快速、准确,就可以让他的观点吸引到受众的注意。电视新闻评论节目不需要争取第一时间的报道权,但必须争取第一时间的解释权,只有在第一时间对突发性事件作出科学、理性、全面的诠释,才能引导正确的舆论,让受众作出正确的判断和行为。因此,现在新闻评论节目争夺的就是对观众的第一解释权。然而,第一解释权并不仅仅是对新闻事件快速地作出即时性评论,这种评论要站得住脚,易被受众所接受,引导他们更深入地了解新闻背景、来龙去脉和未来走势。此外,角度的公正、思想的深度、解释的力度、预测的准确度,这些要素才是第一解释权最重要的组成部分。

《新闻1+1》背靠央视这样的国家级电视媒体,消息来源的即时性已得到了保障。样本选择2015年11月到2016年2月的节目选题研究发现,基本上都是近一周内发生的新近新闻。此外,在每期节目的话题评论开始之前,都会有新闻短片交代新闻背景,甚至会和新闻当事人连线以保证新闻的真实性,也为后面的评论奠定了基础。

在评论方面,节目则强化解释和引导的功能。特别是很多突发事件会使人们陷入慌乱和盲从。面对各种渠道铺天盖地而来的报道和相关消息,受众获悉事实的强烈欲望掩盖了对事实的认识,以致无法对事件作出公正、理性的判断。以当年日本核爆炸事件为例,由于报道与相关解释的严重滞后甚至脱节,网传消息在全国引起轩然大波,一时间抢盐成风,盐价被肆意哄抬,造成盐市极度混乱,正常的社会秩序被打乱。在节目《福岛,"核"去"核"从》中,主持人和国家核应急协调委员会研究员冯毅的对话,解释了各种谣言和误传,让观众能用科学的态度看待核问题。

4. 视听元素

电视新闻评论节目如果只是简单地在演播室内作点评,可能就忽略了电视作为声像结合的复合型大众传播媒介的优势。《新闻1+1》节目综合运用画面、音响、屏幕文字、同期声、解说词等方式,使电视新闻评论实现了一种真正意义上的"形象化评论"。

例如,在2016年2月17日的节目中,就黑龙江天价鱼的话题进行讨论。此时,节目就运用了餐馆的实景画面、当事人发的微博截图,还有当事人和相关部门调查人员的专访以及画外音的解说,让观众从不同的角度去了解事情的经过,以期在还原事实的基础上进行评述。在原本以声为主的新闻评论节目中,这些视觉元素与其评论语言相结合,较好地处理了"以视为主"和"以论述性语言为主导"的关系。前者指表现手法,后者指节目导向,两者齐用,使这类新闻评论有理有据,具有说服力。

因此,电视新闻评论只有通过对背景短片、现场采访、电话连线等要素的综合运用,以其声画结合的直观性、现场采访的感染力和翔实准确的资料,才能给受众提供快捷、同步的事件的相关信息,使受众得以对事件有一个全景式的了解;同时,为现场评论员提供更为准确的材料,帮助其作出理性的判断和富有建设性的评论。

5. 与新媒体的结合

(1)利用网络为节目征集话题

从现在国内节目的形式来看,由于新媒体的迅速发展,传统媒体与新媒体的融合也越来越强,受众对新闻事件的认知再也不是单纯地来自传统媒体。由于受众的参与度越来越高,电视媒体在新闻事件的解读上会更多地参考受众的意见。

《新闻1+1》很早就创立了节目的官方微博,利用网络平台,了解大众对新闻事件的看法,从中选择最为受众关注或具有相当社会影响力的话题。此举实现了新媒体与传统电视媒体的对接。

(2)通过网络在节目中实现与受众的即时交流与互动

借助网络媒体,主持人、嘉宾在节目中可以与不在场的观众进行互动,观众也可以对节目中的讨论作出即时的反馈,其中一些独到的观点与见解甚至可以通过央视这个平台向全国受众传播。此时,互动的受众不仅仅是电视节目的接受者,同时也成了电视节目的直接参与者,直接参与了电视新闻评论节目"舆论场"的建构。

【知识链接】

新闻评论类电视节目选题的特征

新闻评论类节目既是新闻节目,也具有评论节目的性质。因此,在节目选题上应符合以下特点。

1. 必须遵循新闻价值规律。新闻价值是客观性的存在,它不取决于人的主观意志,更包含了客观的、不取决于人的主观意志而存在的事实与人和社会的关系。新闻评论类节目既然以新闻事件为评论对象,那么选题的标准就必须要看选择对象是否具有新闻价值,如选题是否具有时效性、显著性等。

2. 选题必须具有可谈性、可交流性,但前提是必须与当前社会的道德、法律、政策等相适宜。这也是新闻评论类节目在选题时需要共同遵循的标准之一。

【实训】

一、训练目标

掌握挑选新闻评论节目选题的具体思路,既要满足观众的需求,又要负有一定的社会责任,承载着引导舆论的作用。

二、训练方案和要求

从民生议题、国家大事、突发事件三类中各选择两个合适的新闻,将其作为新闻评论节目的话题,并根据具体的新闻事件信息策划评论的思路和角度。

三、训练提示

可借由网络媒体搜集热门新闻话题,从网友们的评论中寻找评述的思路。

第二篇　电视谈话类节目评析

【知识目标】

　　1.熟悉电视谈话节目的选题特色；

　　2.学习电视谈话节目的叙事方法；

　　3.了解电视谈话节目的话语风格。

【能力目标】

　　1.能够了解电视谈话节目的策划思路；

　　2.熟悉不同类型电视谈话节目如何凸显各自风格。

【案例导入】

收看凤凰卫视《鲁豫有约》。

播出时间：周一至周五10：00。

节目基本内容：《鲁豫有约》是一个以主持人陈鲁豫的名字命名，为她量身定做、充满个性化特点的访谈节目。节目开发出独特的谈话资源，改版前，主要以昔日嘉宾、昔日英雄、历史经历者为嘉宾；改版后，大大增加了以明星为嘉宾的比例，还增加了对社会事件、焦点话题的关注。节目不以活跃热闹的谈话氛围为目标，而主要是以安静、无压力的倾听方式进行采访，让嘉宾能够畅所欲言。

思考：

1. 这档电视谈话节目的主持人的角色是什么？

2. 这档电视谈话节目的主持人的语言风格是什么？

3. 这档电视谈话节目的视听元素如何进行配合？

第三章　电视谈话节目概述

一、电视谈话节目的概念

电视谈话节目是一种由主持人主持的，邀请嘉宾或观众到现场参与，以谈话为主要表达方式，就某个或某些事先设定的话题展开讨论，吸收其他节目形态的元素并通过多元化的传播媒介进行传播，达到大众传播目的的电视节目类型。

二、电视谈话节目要素

1. 基本元素

电视谈话节目的基本元素包括主持人、参与嘉宾、谈话现场、话题。

2. 辅助元素

电视谈话节目的辅助元素包括现场对其他次要人物的访谈，现场灯光、音响等设备以及场外的视频资料等。

三、电视谈话节目的分类

1. 根据谈话方式划分

（1）访谈

访谈节目主要是通过节目主持人与到场嘉宾进行面对面的互动、交流、沟通来展开。它主要采取"一对一"的采访模式，一般分为有现场观众和无现场观众两种，如《鲁豫有约》（有观众）、《杨澜访谈录》（无观众）。

（2）座谈

座谈节目是指主持人和邀请到演播现场的嘉宾就该期节目的主题进行互动、交流，旨在展示一种言语的碰撞力、交锋力、冲击力。它采取的是"一对多"的采访模式，如《时事辩论会》。

（3）多元综合

多元综合节目中的谈话不仅仅局限于谈和说，而是在节目现场广泛吸取娱乐、综艺、竞技等节目的特色成分进行展现。这样的谈话节目更加多元、立体，设计多种表现元素，具有较强的可视性，如《超级访问》。

2. 根据谈话内容划分

（1）新闻时事类

新闻时事类节目的主要目的是帮助受众解读最新的时事新闻、国家政策、社会变化新形势等。在节目中，多就当下的重要新闻事件或者时政新闻邀请新闻当事人或是相关人进行解读，如《新闻今日谈》。

（2）社会生活类

社会生活类节目主要针对当前社会热议问题、家庭生活凸显的问题和个人发展等问题进行讨论，如《锵锵三人行》。

（3）综艺娱乐类

这类节目邀请演艺界、体育界、文化界的名人进行访问，与受众分享他们的人生经历和情感故事。节目中伴有文艺表演,形式生动、活泼,如《非常静距离》。

（4）专业对象类

这类节目主要是针对某一特定社会群体或是某一话题内容专门开设的电视谈话节目。它既体现了频道专业化发展的要求,也满足了行业细分的受众从各自从事的专业角度来分析当前的财经金融、法律法规、军事、工业、农业等专业问题,如《对话》。

四、谈话节目的特征

1. 互动沟通性强

电视谈话节目互动沟通性强,真正实现了人际传播与大众传播的融合。节目主持人与现场嘉宾、主持人与现场观众、现场嘉宾与现场观众之间的互动沟通体现的就是这种人际传播。它主要通过嘉宾的语言语态、动作表情、声音等信息,传递出个人的思想感情、观点见解等,是一种随意性很强、真实有效的传播方式。

另外,现场嘉宾、主持人、观众之间的互动沟通又通过大众媒介向电视机前的受众进行信息输出,实现了原本人际传播的大众化。因此,电视谈话节目又具有大众传播中不具备的人际传播的双向互动性。

2. 个性化的表达方式

电视谈话节目为个性化的表达提供了良好的环境。从主持人方面来说,他们的不同个性和技巧使节目和观众在人际关系上发展出多种沟通样式。另外,在主持人的适当引导下,在现场的氛围营造和互动中,也能激发出嘉宾和观众的个性。

3. 具有现场感的互动

电视访谈节目只需遵循话题的基本脉络即可,在现场的交流中没有事先排练,也无须背台词。它有的只是不同意见的即时交锋,话题的起承转合与自然铺展以及情感的真实流露。

【实训】

一、训练目标

观看任意一则电视谈话节目,要求学生学会分析谈话节目的传播特点。

二、训练方案和要求

1. 学生分小组观看电视谈话节目。

2. 学生讨论电视谈话节目的传播特点。

3. 学生将所讨论的结果整理成自己的观点。

4. 学生分条阐述这类节目的传播特点。

三、训练提示

1. 注意主持人在谈话节目中的作用。

2. 话题之间如何过渡、衔接。

3. 包装特效对节目效果的影响。

第四章　经典谈话节目评析

第一节　解析《康熙来了》

一、《康熙来了》节目简介

开播时间:2004 年 1 月。

播出平台:台湾中天综合台。

播出时间:周一至周五 22:00。

主要节目内容:《康熙来了》这一节目名称由主持人蔡康永与徐熙娣(小S)名字中的"康"和"熙"两个字拼成。节目一般分为两种类型,一种是设定特定的主题,邀请多个名人嘉宾共同讨论。另外一种是采访特定的社会知名人士,并邀请他的亲朋好友现场爆料,配合主持人毫不留情的追问。在节目中,主持人毫不留情地发问,说出知名人士的生活陋习、不修边幅的品性和揭露嘉宾内心深处的秘密,让受众看到被访者不为人知、在镜头以外的真我个性。而节目具体内容几乎包含了现今电视上出现的所有娱乐节目形式:游戏竞技、美食推荐、旅游介绍、舞蹈歌唱比赛等。《康熙来了》巧妙地将各种娱乐节目形式融入、穿插在谈话节目中,加上两位当家主持人超凡的口才和气氛烘托能力,使整个节目在妙语连珠、笑声不断中推进。

二、节目出现的背景

在台湾地区"人人赚钱都赚得很累"的背景下,舆论传媒秉持让观众放松的节目主旨,催生了台湾地区以娱乐为本的独特的综艺环境。在这种综艺精神的领导下,台湾地区各类形式的综艺节目都要以逗观众开心为主要目标,以帮助观众减轻生活的压力。

而在当时的电视生态中,为年轻群体量身定做的谈话节目这块市场处于真空状态。尽管市场上谈话节目并不匮乏,但多半都是政论性质类节目,综艺类则较少。尽管也有软性谈话节目,如《封面人物》《真情指数》等,但节目基调中规中矩、四平八稳,谈话内容偏向感性、温馨、知性,以深度访谈为主。电视台在分析年轻群体喜好新奇搞怪、轻松活泼、逗趣诙谐的谈论话题及呈现方式后,希望能以此为风格定位,打造一档全新的节目形态。

此外,台湾是一个文化交汇的地区,各方面的文化在此交汇融合,形成台湾地区独特的文化现象:既有浓重的传统观念,又有开放的外来文化。

在这样的历史条件和电视生态下,《康熙来了》应运而生。节目正是游走在浓重的传统观念和开放的外来文化之间,并将其很好地融合在一起。

三、节目的内容形态分析

《康熙来了》集谈话与综艺元素于一体,可将其分成三种形态,即大牌明星专访、单一主题多人谈话秀以及特定单元。

1. 大牌明星专访

此类形态只在节目中进行大牌艺人的深度访谈,如刘德华、周杰伦、张惠妹、王力宏等。通常此类形式的来宾只有大牌明星个人或一组团体,如五月天,有时候也会邀来其身旁好友或共事者,一同叙说该明星台面下不为人知的轶事趣闻。

由于大牌来宾本身的名气和受欢迎程度,加上他们并不常见于电视访谈节目,使得他们本身便是一种收视保证。这类来宾就属稀少性,他们的故事容易引起观众的兴趣,为此,《康熙来了》会特别锁定在他们生命故事上,包括演艺工作、生活点滴以及人生经历与体会。不过,主持人访谈风格一贯麻辣搞怪,也会视来宾特性或宣传目的而搭配歌舞等表演段落。

大明星被设计成个人深度专访,是因为他们拥有较高知名度与个人成就,拥有为数众多的支持者。也就是说,他们符合社会所定义的成功资格,值得深究其成功之道与态度精神,以便社会成员观摩学习、一窥究竟。同时,成功名人的故事切合市场期待的事实,制作端从亮眼的收视数字一再获得印证,也乐于持续经营下去。再者,大明星光临《康熙来了》,无疑是对节目品牌形象与格局的有利增益。因此,为了争取大明星应邀上节目的难得机会,《康熙来了》愿意提供高规格的个人专访与宣传篇幅,实为一种双方之间的交易协议。

2. 群言秀

群言秀通常是针对该集设定的主题,让艺人或素人来宾做群体对谈,有时也会邀请跟主题相关领域的专家或素人观众共同讨论。这类形式对谈的平均人数为4~10人,倘若加上普通观众参与的话,则有可能达到40人之多。

在节目中,众来宾遵照设定好的议题,根据主题叙述个人相关经验、故事乃至观点传递,以言说展演为主要形式。谈论主题范围大致有两个方向,一是艺人私生活和影视工作经验的议题,如收藏品分享、检视明星手提包内容物、演艺圈生态逸事等;二是日常生活主题,如省钱妙招、夫妻相处之道、留学、整容、旅行、两性等话题,范围颇为广泛、多元。

群言秀即寄希望于人多好办事、烘托热闹气氛,用众艺人的名气,支撑谈话主题与节目的可看性程度。

3. 特定单元

这是依照单元特性发挥节目内容的方式。例如,"康熙双人舞蹈大赛"找来艺人夫妻,话题围绕练舞过程到成果呈现,从中牵引出夫妻在家庭生活中的趣事。如此形态的节目流程分割了表演和谈话两个部分,谈话内容时间相对较为分散。

以上三种节目形态都具备谈话与综艺元素,只是整体呈现的比重有所差异。大牌明星专访与群言秀重谈话、轻才艺表演,两者虽然都是以由知名公众人物来叙说故事为主,不过故事的重心则不尽相同。前者的主轴即是名人导向,着重于人物本身;后者则是主题导向,谈论的主题相比人物是谁更为重要。特定单元的卖点是才华表演展现,抑或是将焦点集中在特定事物上,如卸妆、美食、交换礼物等。

四、节目的谈话内容选题

1. 选题类型

根据上述三种节目类型的特点,话题的选择也以此为依据进行策划。鉴于特定单元涉及的内容较少,这里以讨论前两种形态为主。

(1)大牌明星专访的内容设定

这种节目着重于大明星本身及其事迹,至于主题则是次要的,即以人为主、主题为辅——以大明星的故事来决定主题。当然制作单位仍会确定访谈主轴与方向,也会将宣传任务融入谈话内容。

举例来说,刘德华访谈着重于其出道 30 年的演艺故事(实则为了宣传出道 30 年发行的唱片专辑),节目就主要针对他个人的处世态度以及对演艺工作的想法与经验进行对谈。节目现场备有 10 个编号的行李箱,里面皆藏有一个问题,由刘德华与两位主持人随机抽选,刘德华必须回答所抽中的问题。除此之外,节目过程也有播送刘德华出道 30 年的影片花絮,还有他与小 S 表演歌唱段落。如此做法,不仅是构筑闲聊漫谈的活动流程、形成谈话节目内容的完整性,更是顺其自然且不突兀地达到了宣传目的。

明星艺人的故事以及主持人鼓励受众窥探名人自我揭露的内心世界,则是《康熙来了》的卖点与营销手段。人们喜欢听故事,更准确地说,人们喜好聆听感兴趣、观感良好、值得学习的对象说故事,而明星则提供了最好的故事源。

(2)群言秀的内容设定

在群言秀中,艺人来宾和谈论主题大体上有3种情况与做法。

①依照宣传任务设计合理主题。也就是集合有作品宣传任务的艺人们齐聚一堂,用以适当的主题包装当集谈话内容,大家边畅谈边适时宣传。

如任贤齐、范晓萱等人为了宣传共同演出的电影《明天记得爱上我》,做客《康熙来了》。其电影故事内容设计隐瞒在猜忌情节中。于是制作单位即设计成"回到过去的时光机又来了"作为当期的主题,让众人倾谈过去隐瞒而未真实吐露的心底秘密,目的是巧妙地跟电影信息有所结合与呼应。

②独立主题混合宣传任务。是指节目主题与宣传任务没有直接关系,而有宣传任务的艺人配合所设定的题目与其他来宾一同讨论,并适时提及宣传信息。

③完全独立主题。这种方式就是纯粹地针对主题进行讨论,这类主题的来宾结构为电视通告艺人。他们是依靠赚取通告费为生的一种艺人形态,并是长期提供谈话节目故事与表演的主力贡献者,也是群言秀的主力军。《康熙来了》依照企划的主题寻觅合适人选上节目,纯粹针对该集话题进行讨论,并无挟带任何作品宣传信息,更多的是专注于主题的发挥,或是言谈者高度配合主题做出相关表演。

而对于完全独立主题的选择,节目组更多的是考虑那些与普通人生活意义相关联的话题,如爱情、美食、金钱、旅行、身材外貌、人际关系、工作等。从而引发观众的生活经验,把嘉宾谈论的主题投射到自身现实上。

2. 选题的特色

《康熙来了》通过诸多生活化主题的设定,让节目内容趋于大众化。例如,在"康熙卸妆秀"的主题中,女明星按顺序到后台卸妆,并穿上她们日常的睡衣,取下美瞳镜片,呈现最原始的状态。女明星卸妆前后的对比时常让观众惊叹万分——原来那些所谓的"女神"也并非完美,她们和普通女性一样,脸上也会有青春痘、黑眼圈、眼袋和色斑。正是如此，看过《康熙来了》的观众会颠覆自己原本对五光十色的娱乐圈的看法。此外，小 S 还时常在节目中捉弄外形出色的男性嘉宾，让"王子"回归平民状态。正是这些生活化的内容，成功地打破了人们心中固有的名人、明星神秘的形象，把政治领袖、文化名人、娱乐明星从高高在上的位置上拉下来进行嘲弄调侃的做法，使观众被等级秩序压抑的情绪得以尽情释放。这种名人回归平常人的方式，既满足了受众的好奇心，也贴近普通人生活，让受众有一种亲近感，成功地满足了受众对大众文化的消费需要。他们在消费谈话节目的过程中，实现了对自我价值的寻找，认可了当下的自我生存意义。

五、主持人特色分析

1. 主持人搭档的基础——冲突

蔡康永与徐熙娣(小 S)这对搭档组成的理由建立在创新和冲突的逻辑上。蔡康永出身名门、家世显赫，有国外留学背景，学识渊博、文化底蕴深、逻辑清楚、个性深沉，有很强的读书人气质。蔡康永在节目里，将文人的那种高冷感和距离感通过言语巧妙地展现出来。小 S 出身普通家庭，毕业于华冈艺校，个性活泼、善于搞怪和搞笑，是少数愿意不计个人形象制造效果的讨喜女艺人。她时常开些无伤大雅的玩笑，或与来宾闹成一团，给受众一种亲近感。

因而节目制作人詹仁雄认为，找来学识渊博、以读书人形象示人的作家蔡康永主持综艺型谈话节目，实为有别于主流市场嬉笑怒骂风格的新产品。至于两人的冲突部分，则是他们人格特质、学习经历、生活背景、屏幕形象以及主持风格的强烈对照：冷调稳重—无厘头、历尽沧桑—初生之犊、读书人—搞笑女星、知性睿智—百无禁忌、成年顽童—直率另类、保守—前卫，形同水碰火、冰炭同炉，带来极强的冲突效果。

2. 主持人的合作分工

节目一向由蔡康永定主调、小 S 负责搞笑耍宝，一庄一谐相互制衡。蔡康永总会制造机会让小 S 搞怪，她也经常见缝插针地制造节目爆点和笑果。倘若小 S 的表现或开玩笑过头，蔡康永便会适时地制止并将她拉回。这是他们的表演默契与合作模式，两人搭唱来回往返。不按牌理出牌，问话犀利直接、辛辣却另类是他们强烈的主持风格。两人携手进行聊天访问,不时彼此互相对话,让来宾卸下防备掏心倾吐,抑或双面夹攻来宾使其招架不住,再有跟来宾们插科打诨、言辞交锋,不然就是他们自个儿玩闹、彼此调侃。这样一庄一谐的设置,恰恰维持了节目风格上的平衡,不会太过严肃、理性,又不会过于张扬、出格。正是因为两位主持人毫不隐藏地展示了自己的个性,同时又实现了性格上的互补。因此,在主持风格上形成了一种难以仿效的极致化效果。

2007 年,《康熙来了》加入助理主持人陈汉典,他的出现让谈话节目有了戏剧的表现方式,他是《康熙来了》中最富有创见的存在,也是该节目在主持人搭配中最抢眼、最成功的一处。不像一般主持人,常常是一个客串的第三者形象,主要是以模仿为特色。他抓紧一切机会出镜,加入主持人与嘉宾的讨论,让节目内容更加多元化与碎片化。

3. 主持人语言风格

主持人在节目中不再回避隐私性、争议性和冲突性的问题,而是改变不痛不痒的设问模式,直击问题的实质,让观众感到畅快淋漓,充满满足感。小 S 古灵精怪,常常大揭嘉宾的疮疤;蔡康永则敏锐犀利、机智幽默,逮住"爆料"供词不放,让来宾心跳加速、冷汗直冒,上演真情"脱口秀",观众看得大呼过瘾,爆笑连连。

4. 主持人的服装

服装是个人内心状态的一种传达,是自身情绪的一种外现。服装搭以反映出一个人的性格特点及处世态度,因此,服装是人类感情的一种传递媒介。

节目中,蔡康永不是一个西装革履的严肃知识分子,哪怕他穿着西装也会搭配一条小短裤,经常搭配不同的圆帽或者蛙镜,或者手拿拐杖肩头挂一个乌鸦装饰。小 S 往往是意料之中的性感装扮,展现出女性曲线,时尚又性感。充分突出其大胆、活泼、古灵精怪的特点。隐形主持陈汉典,更是根据不同场合的需要,千变万化,极具戏剧效果。

三人服装风格上的迥然不同,造成了强烈的视觉冲击,成为一大看点,也符合《康熙来了》的重要节目风格——活泼、创新。

5. 问题所在

（1）主持人的地位过于突出

一方面，主持人的个人因素凌驾于节目之上，会产生一定的内耗，不利于发展；另一方面，主持人如果出现严重的负面问题，会使节目遭到重创。主持人同样会有新陈代谢，一旦更换主持人会严重影响节目的收视率，对于长期精心打造的品牌产生巨大的打击。例如，小 S 几次怀孕，请他人代班主持的收视效果都不理想，小 S 个人的负面娱乐新闻对节目也产生了很坏的影响。

（2）有低俗化的倾向

《康熙来了》喜欢拿身体说事。小 S 在《康熙来了》中表现得极为大胆，经常开一些尺度比较大的玩笑。此举虽然迎合了某些受众窥私欲的心理，但也降低了节目的格调。

六、节目的包装

一档优秀的电视节目除了结构内容精心策划之外，整体的节目包装也会对最终节目效果产生深远的影响。《康熙来了》在音效、字幕、剪辑等方面很好地做到了协调配合，为节目的整体娱乐效果锦上添花。

1. 现场音效

现场音效对节目效果有强大的辅助和加持作用，偶尔还会成为节目关键笑料之一。台湾综艺节目的现场音效作用异常明显，音效师的节目参与度非常高。这种参与并不是浅层的制式的参与方式，而是成为节目中的一个重要互动环节。音效师经常随机或事先讨好地与主持人和嘉宾产生互动，合力制造节目效果，有时甚至通过音效引导主持人和嘉宾的行为。台湾最著名的音效师——阿咪老师，由于经常在节目中制造效果，常被主持人所提及，已被大多数综艺节目观众所熟知。

阿咪老师用 Keyboard 制造音效，参与节目话题的讨论，这与以往综艺节目中的音效制作有很大不同。《康熙来了》的音效除了传统的笑声、掌声外，还会利用一些流行歌曲来制造节目氛围，增加"笑"果。如嘉宾在回答一些隐私问题的时候，露出了腼腆的表情，会配上"哎哟"的童声；嘉宾和主持人听到惊讶的事情的时候,会配上"瞪"的一声;嘉宾和主持人制造了笑点的时候,会配上笑声和掌声;嘉宾所谈论的话题涉及私密话题的时候,会配上狼嚎或大象叫等。这些音响的使用都更好地渲染了节目的气氛,带动了观众的情绪,表现了人物的心情。

另外,当陈汉典讲的冷笑话不好笑时,阿咪老师就会弹奏范晓萱的歌曲《雪人》对其进行讽刺,化解冷场的尴尬。当嘉宾遭遇感情变故却又不愿意接受主持人对情变一事所进行的访问时,阿咪老师就会弹奏曹格的歌曲《背叛》《人质》等来缓解针锋相对的节目氛围。当嘉宾有说谎的嫌疑时,阿咪老师则会播放特制的音效——一种用孩童般的无辜语气问出"真的吗",让嘉宾陷入窘境,从而产生喜剧效果,同时也让观众对嘉宾发言的真实性有所了解。特色音效对访谈的打断,在增加了节目效果的同时,也打断了原本的线性叙事,让访谈节目更加碎片化。

2. 后期制作

后期制作也是台湾综艺节目的一大特色。后期制作人员常常将主持人或嘉宾的俏皮语言以超大号字体打在屏幕上,以起到突出的效果。将稍纵即逝的语言符号平面化,更有利于受众跟上节目节奏,感受到一个个笑点。另外,根据情景和谈话内容,后期制作人员还会设计"乌鸦飞过""三条线""绿脸""冻僵的北极熊"等来配合"尴尬、无语""汗""生气""冷"等现场气氛或人物心情。以凸显气氛,达到搞笑的效果。后期制作人员也会给主持人和嘉宾加上一些旁白,如说到"糗""尴尬"等字时,或在脸上加上一些颜色,表明脸色的变化;又或用巨大的粗体字和标点符号将主持人和嘉宾的突出语言打在屏幕上制造喜剧效果,吸引受众注意力,让受众在观看节目时可以很方便地抓住节目重点。

【知识链接】

综艺类谈话节目

综艺类谈话节目,顾名思义是综合艺术的谈话节目。这里指的综合艺术,歌唱、益智猜谜、竞赛、舞蹈、杂耍、短剧、特殊才艺表演等皆属在内。其本质如其名般包罗万象,它横跨信息与娱乐,有其模糊混杂的特性。

此类型的节目内容既具备真实的信息,也有说故事的叙事特质。综艺谈话节目是将说故事作为节目内容的主轴,其他综艺形态的表演内容作为辅助手段的节目类型。不论是综艺节目或是综艺类谈话节目,一般给人的直觉印象便是其娱乐成分。

【实训】

一、训练目标

选择一段娱乐人物访谈节目,看完后分析:是否可以在适当的地方加入音效或者字母等特效,以增强节目的娱乐效果。

二、训练方案和要求

首先,需要有基本的后期剪辑技术,熟悉添加字母、特效、音乐的方法。其次,认真收看访谈内容,找出可以添加各种特效的地方,反复比较分析,选择最合适的效果进行添加。最后,把添加前和添加后的效果予以对比,体会其差异性。

三、训练提示

注意不要堆砌效果,应根据节目内容需要进行理性的选择。

第二节　解析《超级访问》

一、《超级访问》节目简介

开播时间:2001 年 2 月。

播出平台:各大卫视均有播出。

播出时间:每家卫视的播出时间不同。

主要节目内容:《超级访问》是由东方风行传媒文化有限公司策划、投资、制作、发行的一档娱乐访谈节目。每周一期,每期 50 分钟,节目以"超级访问,不一样的访问"为口号,打破了国内娱乐节目惯常的"明星+游戏"模式。节目每期对一位明星嘉宾进行深度访谈,其宗旨是以轻松的方式展现明星作为普通人的一面,而不是以低俗的搞笑及专揭明星的隐私来取悦观众。节目别开生面地把娱乐元素和访谈元素结合起来,以独特的视角、刁钻的问题和新鲜的爆料,多角度地挖掘明星鲜为人知的故事,展现明星鲜活真实的一面,让观众全方位地感受欢乐,同时还可以近距离、深层次地了解明星们的内心情感世界和成长历程。

节目开播以来,赢得了广阔的市场,在国内30多家电视台播出,收视率名列前茅。它的发行网络覆盖全国,与200多家电视台及海外传播机构建立了紧密的合作关系。

二、节目背景

1.娱乐节目形式单一

20世纪90年代以来,以湖南卫视的"快乐大本营"为"领头羊"的"明星+游戏"的节目模式,迅速地在全国范围内掀起了电视娱乐节目热潮。这类节目虽然取得了商业和口碑双丰收,但是其问题也很快显现出来。

其一,这种"明星+游戏"的模式在很大程度上是为了娱乐而娱乐,缺乏深度内容,时间一长,容易让观众产生视觉疲劳。为了能够持续地给观众带来新鲜感,节目不得不在形式上追求花哨,甚至哗众取宠,导致有些内容过于幼稚和庸俗,引起观众的反感。

其二,由于这类节目形式备受追捧,很快就被不断模仿,在全国遍地开花,使观众可以选择收看的娱乐节目种类日渐单一。

2.访谈节目方兴未艾

在各种娱乐节目热热闹闹地"霸屏"的同时,谈话节目悄悄发力。娱乐节目费尽心思地惹人逗乐,难免有虚假造作之感。而谈话节目给人的印象是"平实",它的魅力在于采用寻常话语叙述真实的内容,并引发人们的沟通交流、心灵共鸣和深思。

三、节目定位

1. 以娱乐为核心

在《超级访问》的节目理念中,娱乐始终是最主要、最核心,也最需要编导费心思的内容。节目一直遵循着"一场游戏一场秀"的原则,主持人常常引导参加节目的嘉宾即兴表演歌舞、带情节的小品、模仿秀,甚至只是"秀"几个典型有趣的动作;与此同时,主持人自己也会兴高采烈地参与其中。这些表演即兴成分很多,而且不是为表演而表演,更像是亲密朋友之间的顽皮笑闹。这类活动通常只是点到即止,完全没有正式文艺演出的郑重,使节目现场充满了快活的空气。

《超级访问》不断制造笑料的过程,正是节目进行的过程。主持人李静灵活机智,善于"穿针引线、击中要害";戴军风趣幽默,善于"插科打诨、语出惊人"。节目刚开始,他们从"大红嘴唇"中蹦蹦跳跳地出来,活泼欢快的动作、不停晃动的镜头、色彩鲜亮的画面,配上节奏明快的音乐,为之后的访谈营造了一个活泼的氛围。在访谈的过程中,节目也努力做到"一分钟一个笑点",经常以亲密的朋友之间才使用的调侃和口语化叙述,营造出随意散漫的现场气氛。在这样的整体氛围中,主持人不断地发现和创造笑点,并及时予以强化、放大。

2. 话题选择

《超级访问》主要选择亲情、友情这类温情的话题,大打"温情"牌是其一贯的特色。在主持人的刻意引导之下,父慈子孝、兄友弟恭、伉俪情深之类的亲情话题,或是成长经历这样的励志类话题使整个节目显得温情脉脉或是激励人心,让受众在轻松娱乐的同时也能得到心灵的洗涤和震撼。

3. 节目内容定位

在当下这个消费主义风靡的时代,公众将明星作为文化消费的代码。《超级访问》并没有单纯追求娱乐、搞笑,而是以访谈为主,善于"解剖"明星最真实的一面,侧重于情感的交流与沟通,还原明星的本色。节目常常通过和明星谈家人、谈成名前的坎坷、心路历程等方式来增加温情、励志的内容。此外,每期节目都采访嘉宾的亲人、朋友,让他们说出嘉宾的趣事或"鲜为人知"的一面,进行场外"揭发",主持人在现场就会非常"自信"地诱导嘉宾说出自己在镜光灯背后的真实生活。在几百名观众的审视与两位主持人机智幽默的追问下，没有哪位嘉宾能够逃得出《超级访问》为他们设下的"圈套"，明星们只得口吐真言。

因此，观众在节目中看到的常常是嘉宾鲜为人知的"怪癖"被揭露，有趣的"老底"被揭穿，性格中的毛病被揭出，等等。总之，节目是通过"揭短"来夸张地呈现明星的个性，以极端的语言、尖锐的方式表达出来，使节目更具戏剧性冲突，让观众看到明星卸下面具后鲜活的另一面，发出"原来他也是这样的"感叹。节目正是通过挖掘明星内心深处的真实情感，展现他们不为人知的真实经历，让许多对公众人物这一职业存在疑惑或偏见的人了解明星的生活及成长经历，让明星的形象更加平民化。

节目中也不乏轻松搞笑的小环节，如让嘉宾展示才艺、观众向嘉宾赠送礼物、嘉宾和主持人做游戏等，使节目把感性的内容和娱乐结合起来，做到节目张弛有度。

此外，《超级访问》还善于在内容上不断求新求变。节目推出过一个新的环节"超级帮帮忙"，就是栏目组帮助嘉宾实现一个愿望（通常是帮嘉宾寻找多年未联系的故人），在节目现场给嘉宾制造一个惊喜。有时寻找他们曾经的初恋女友，有时寻找在他们人生危难时刻给予过帮助的恩人，有时甚至是寻找当年有过误会和积怨的人等，总之，都是和他们有过故事的人。"超级帮帮忙"的第一个嘉宾是保剑锋，为了找到保剑锋少年时的老师和初恋女友，《超级访问》的工作人员远赴保剑锋的老家上海，几经周折，终于完成了任务，还把他的初恋女友请到了现场。保剑锋非常激动，感谢《超级访问》完成了自己多年的心愿。当然，由于这个环节包含悬念、故事以及明星们的情感纠葛等，使"超级帮帮忙"的含金量颇高，播出后收视率飙升，视频被各大网站竞相转载。

四、嘉宾选择

在嘉宾的选择上，《超级访问》以娱乐明星和体育明星为主。在娱乐明星方面，节目很少请当红的大明星，多半是二线演员、二线歌手。这一方面是受条件所限；另一方面，也正好成就了节目更为广阔的谈话资源。因为一线明星每天都被娱乐记者重重包围，他们的报道不断见诸各种媒体，普通观众对他们的了解比较全面，已经出现了信息饱和的情况。而二线明星，观众一方面觉得他们面熟，另一方面对他们所知不多,这对节目进一步发掘明星幕后的故事更加有利。

《超级访问》非常善于激发明星自身的现场表现能力。因此,最精彩的《超级访问》并不以明星的名气取胜,而是以明星的现场表现来抓住场内场外观众的注意力。例如,歌手在这个节目里要比演员更受欢迎,因为在电视荧屏上演员表演得太多了,很难突破表演的框框,在观众面前展示真情流露,表现出演技之外的东西。但是,歌手平日在舞台上只是唱歌,很少有机会说话,而且普通的访问节目也不能够让他们有机会发出个人的感慨。所以,到了《超级访问》这里,歌手的表现往往出人意料。

随着各类体育赛事在中国的宣传与推广,观众们也开始对体育界投入了更多的关注。《超级访问》敏锐地捕捉到这一点,开始选择许多在体育比赛中出镜率高、媒体关注度高的运动明星作为节目嘉宾。他们来到节目中不仅讲述训练、比赛中的细节,还爆料自己的感情生活以及生活趣事,展现了他们作为普通人的一面,观众反响非常好。

此外,观众从一开始就习惯了节目青春活泼、欢快轻松的风格,它的嘉宾基本上没有老一辈艺术家,即便是上了一些年纪的嘉宾也多半是喜剧、相声或小品演员。否则,会让观众对节目有太严肃、太怀旧、太老成之感。

五、主持人的表现

《超级访问》吸引观众眼球的是两位主持人幽默机智的配合,不怕出丑的率真。两位主持人之间一逗一捧的互相"攻击"或自嘲,制造出戏剧性冲突和搞笑氛围。它不仅使节目现场气氛更加活跃,而且使嘉宾通过笑声缓解在现场的紧张和陌生感,自然地融入节目。

1. 主持人的背景

戴军在做主持人之前是一名歌手,在娱乐圈中起起伏伏很久。他对娱乐圈的各种形态颇为熟悉,对娱乐圈的变化莫测深有感触,能够理解娱乐明星心中的所思、所想。比起那些没有演艺背景的主持人,他更知道怎样安排内容,才能更加突出地表现嘉宾。李静在主持《超级访问》之前,曾经主持过综艺节目和娱乐节目,与明星合作的机会很多,也和一些明星成为朋友,她的先生黄小茂则是一位资深音乐人。这些背景使两位主持人和嘉宾的距离感迅速缩小。两位主持人熟悉演艺人士的生活，熟悉他们日常的语言和表达状态，并善于将之引入节目中，懂得驾驭电视语言来表现人物。主持人在节目中营造出既亲密又松弛的话语空间，使嘉宾既容易放开来笑闹，也容易沉下来感动。

主持人和嘉宾之间的认同感，让两位主持人清楚地知道什么可以说、什么不可以说，什么该说、什么没必要说，什么嘉宾愿意说且能说，什么又是嘉宾希望回避或者是不太擅长的。这样一来，也就避免了很多可能出现尴尬局面或形成冷场的话题。

此外，李静的性格直率、乐观、不拘一格，时而灵活俏皮，时而细腻敏感。而戴军则幽默、潇洒、谈吐风趣，时而活泼顽皮，时而沉稳冷静。一个专业的主持人和一个专业的歌手，一个优雅多姿且魅力无穷的女主持人和一个多才多艺的知性男主持，这样的组合不仅能给人一种少有的视觉冲击力，还在一定程度上弥补了搭档的某些不足；再加上两人从主持《小鸡捉老鹰》开始就培养起的默契感，使看过节目的观众无不深深地被他们的主持风格所吸引。

2. 采访风格

两位主持人的与众不同之处，也是最大的本事就是善于营造谈话氛围并准确定位自己的身份，变采访为"闲聊"，不露痕迹地引导话题。

两位主持人始终在节目中营造着一种"圈里人"的谈话氛围。把演播室变成了自家客厅，把采访变成了朋友间的交流。在《超级访问》中，由于和很多明星都是朋友，有共同的圈子、话题和相似的心态，所以两位主持人在采访中能够很好地抓住嘉宾的心理，使嘉宾有认同感，谈话能够在一种真诚轻松的氛围里内展开。与此同时，主持人通过游戏、娱乐的方式与嘉宾互动，在一阵阵欢声笑语中把嘉宾不为观众所熟悉的另一面展现出来。

《超级访问》除了要达到娱乐的目的外，还要达到教育引导的目的。它对话题的选择和谈话的进程都有精心的设计，那些能控制谈话发展方向的话题，其转换都是由主持人发起。如果嘉宾偏离了原话题，主持人会把嘉宾拉回预定的轨道，而不会任由嘉宾随意转换话题。因此，主持人始终把握着谈话的方向。

3. 前期准备充分

以"甩开镣铐跳舞，释放明星真性情"为主题，力图揭示明星们鲜为人知的故事和最为平民化的真实本色，让观众在节目中看到真实的谈话、真实的嘉宾。节目对真实的追求是建立在对嘉宾现实生活中的资料搜集、整理的基础上的。看过《超级访问》的观众都知道,每一期节目中除了嘉宾和主持人的现场谈话之外,更多的是嘉宾的背景资料和对场外嘉宾的采访,其中有一些甚至是嘉宾都已经忘记或者感到十分惊讶的重要背景资料和一些细节。正是由于这些背景资料更全面、深入地展示了嘉宾的真实模样,才使嘉宾能够不由自主地"触景生情",流露出自己的真实情感,以一种无准备的状态进行讲述,把自己不为人知的一面通过与主持人的交流来与观众进行分享,避免那些事先演练的台词或者刻意隐藏的情感。这样才更贴近明星自己的形象,在交流中引起观众共鸣,使观众在捧腹大笑的同时不禁生出酸甜苦辣的感慨。

六、节目其他元素

1. 开场

《超级访问》的开场趣味性要强得多。两位主持人不对到场嘉宾作任何实质性的介绍,只是给观众看他/她小时候的照片,让观众来猜出场的会是哪个明星。明星在幼儿时期或成名之前的模样很能引起观众的兴趣。随着照片一张张地出现,悬念慢慢地增强,观众的兴致也不断地被激发出来,不管是猜对还是猜错,他们都会很兴奋。这使观众的参与性和积极性得到了提高,也进一步体现了节目的娱乐性。

2. 演播室设计

《超级访问》在舞台布置和灯光效果上,渲染出轻松、自在、游戏、时尚的氛围。舞台色彩基调以粉红、粉蓝、粉紫为主,温暖热烈的颜色与主持人服饰的时尚前卫相得益彰。灯光、舞美及各种现场元素也可适时变化,以酝酿情绪,借此产生无形的谈话动力。开场前,一扇心形的彩色门在演播室中颇为引人注目。节目开始时,大门打开,烟雾起,音乐起,两个主持人跳着夸张的舞步出场。随着节目的进行,嘉宾也是从这个门走出、跑出,甚至是跳出,来到观众面前。

《超级访问》在位置设计方面独具匠心,嘉宾席设在主持人的对面,嘉宾坐在沙发上,两位主持人则坐着高脚椅"高高在上"。从播出效果来看,由于《超级访问》没有现场观众,如果以谈话节目比较流行的半弧形来安排主景区,势必会造成镜头的单一。而嘉宾和主持人相对而坐,会让镜头的取景角度更为丰富;同时,通过镜头的反打,主持人与嘉宾的一问一答,便于营造出良好的谈话氛围,并产生一定的节奏感。但是,这种位置的设计也有弊端,本书会在后文详述。

另外,观众被安排坐在主持人旁边,位置比主持人还高。这样的位置使观众觉得自己是谈话过程的积极参与者,虽然《超级访问》的观众是不参与谈话过程的提问和评论的。

节目在对观众的选择上,以年轻男女为主,且有一部分观众为当场嘉宾的粉丝团代表。观众虽然不多,但现场气氛尤为热烈,容易消除嘉宾的紧张之感,将注意力集中在与主持人的交谈之中,使其能更加松弛地敞开心扉。

3.节目标志的包装

节目标志(Logo)是节目最重要的标志,也是最容易被观众记住的标志。Logo 要与节目的内容、定位、风格等相适应,让人一目了然。《超级访问》的 Logo 则显得十分通俗化,黄色的"超级访问"四个字鲜明突出,绿色 Logo 背景给人以眼前一亮的感觉。《超级访问》有显著的中文标志,体现了自己明快、轻松的节目特色。

七、节目存在的问题

首先,演播室场景的布置对主持人,尤其是嘉宾的心理会产生微妙的影响,进而影响交流的效果。而《超级访问》的现场主持人和嘉宾大部分时间都坐在座位上,主持人面前横着一张桌子,而且和嘉宾距离比较远,在访问过程中容易给嘉宾以距离感。从心理学角度来说,这样的场景设置并不是挖掘人物内心想法的最佳场景。

再次,现场观众的参与性不强。除少数几期节目外,大多数《超级访问》的现场观众是沉默的,参与的方式仅为几次掌声和笑声。现场的气氛感不强,当然就更无法感染场外的观众。

最后,音乐、音响的使用比较单一。在节目中,大部分情况是在谈话中插入单一的电子音效,虽产生了一些娱乐效果,但未充分发挥出音乐与音响渲染气氛、感染情绪的作用,使节目在场外配音方面显得单薄。

当今,各种各样的谈话节目遍地开花,每个谈话节目都免不了邀请嘉宾。特别是娱乐圈的明星们,他们像赶场一样,刚在一档谈话节目中露面,又出现在另一个谈话节目中,把刚刚回答过的问题再重复一遍。《超级访问》也不可避免地面临这个问题——与其他谈话节目撞车:所请的嘉宾相同,问的问题也大同小异。如果观众在别的谈话节目中已看过对某位明星的采访,那么对《超级访问》采访该明星可能提不起太大的兴趣,这将直接影响节目的收视率。

【实训】

一、训练目标

选择收看一期《超级访问》节目,看完后分析节目是如何把明星访谈做成有娱乐、有欢笑、有情感温度的大众娱乐节目。

二、训练方案和要求

1. 在收看节目过程中,注意学习主持人选择哪些话题与艺人交流,以及这些话题的顺序和过渡。

2. 分析主持人一般会在什么情况下进行互动,互动的效果如何。

三、训练提示

注意节目后期包装对其效果的助力。

第三节　《锵锵三人行》评析

一、《锵锵三人行》节目简介

开播时间:1998 年 4 月 1 日。

播出平台:凤凰卫视。

播出时间:周一到周五 23:00—23:30。

主要节目内容:节目每期半小时,每天都针对一件新闻性的或是大众感兴趣的事发表意见。主持人是窦文涛,每期节目都会邀请两个与话题相关的名人作为嘉宾,嘉宾有作家、导演、学者、明星、行业精英和新闻人物等。《锵锵三人行》圈定都市白领为受众群,融知识性、时尚感于一体,信息量较大。

二、节目背景

国内的访谈节目经过多年的发展,似乎进入了一个"瓶颈"时期,想开拓创新又担心会流失固有的受众,故步自封、保持原样似乎越来越抵挡不住更多外来节目和新型节目的冲击。访谈节目的发展陷入了僵局,而多元文化的冲突与融合引发了诸多电视媒体人关于访谈节目发展的思考:做节目的视野要更加宏大、话题要更加广泛、观点要更加多元、思想要更加深刻、形式要更加多样。在这种更加开放的文化氛围下,出现了一批比较优秀的顺应时代潮流的节目,《锵锵三人行》便是其中的典型代表。

《锵锵三人行》的栏目名称来源于《左传》:"凤凰于飞,和鸣锵锵。"最初,凤凰卫视创立节目的初衷是把它打造成一个政府性的节目,能够铿锵有力地发声,并有可能"影响国策"。但出人意料的是,主持人窦文涛"一不留神"把它办成了一个全新的兼顾新闻性与娱乐性的谈话节目。在每一期节目中,窦文涛与两位嘉宾一起,针对近期热门新闻事件进行讨论,各抒己见,提供分析预测。但是,他们的"新闻评论",并不是正论而是"俗人闲话",时不时地插科打诨,并借话题引申到出人意料的联想,激发另类观点,也正是这样,成就了该节目的魅力。

三、访谈的话题分析

1.话题内容选择

(1)注重新闻性,紧跟社会热点的多元化选题设置

节目首选时事热点新闻或者近段时间受众们热议的民生问题作为节目话题,如当年轰动一时的"马尼拉人质劫持""富士康跳楼门""香港奶粉限购"以及"从手撕鬼子看中外影视剧""华人学习的功利性""女人把钱放在第一位革命才成功""哈姆雷特剧本充满暗示""偏方土方成潮流是中国独特现象"等事件。诸多选题不仅体现了节目对时效性的把握,在类别的选取上也非常多元化。例如,以上选题包括了政治、经济、文化、社会、教育、科学、医学和娱乐领域,在视野上

表现出高度的广阔性,这些都是国内电视谈话类节目所欠缺的。

（2）选题偏敏感,有的犀利大胆

《锵锵三人行》栏目敢于选择敏感性话题,敢于选取大家都不太敢说的话题,如"草根阶层的'小三'现象更令人唏嘘""女人混政商界可让美貌发挥最大功效""中国作家对写'性'有兴趣"等。这些选题一般很难在中国其他电视访谈节目上看到,满足了部分观众的猎奇欲。《锵锵三人行》这些大胆的选题,彰显出节目的独特之处,也受到许多受众的追捧。

2.话题的处理

（1）漫谈式

一般的访谈节目都会只围绕着话题或人物展开,《锵锵三人行》却反其道而行之,虽有一个话题,但在讨论的过程中嘉宾们却是任意发挥,天马行空,跳跃式前进,主持人与嘉宾不断"跑题"。话由不过是一个谈话的起点,其实整个谈话没有目的、没有主题、没有方向,追随着联想前进,只有开始,没有结果,谈到哪里算哪里。最后在哪里打住谁也不知道,时间一到,音乐字幕自行升起,而谈话仍在继续。这种无主题的漫谈正如朋友间聚会时的闲聊,最大限度地保持了人们日常谈话的原生态。

（2）硬新闻软处理

用趣味、调侃的方式来对待严肃的新闻事件,让新闻中的事件和人物变得可笑,把困难和威胁转化为戏剧与幽默。

四、嘉宾分析

1.嘉宾的精英身份

节目邀请的嘉宾大都来自我国香港、澳门和台湾地区,大多具有高学历,有于欧美发达国家留学或讲学的背景,包括文人、专家、学者,如王蒙、邱震海、马未都、郎咸平、陈丹青等,这些名字对受众而言都是如雷贯耳的。还有一些嘉宾是当期节目话题领域内的专家。

2.嘉宾的独特优势

①阅历广、学识丰、积累厚,让他们对社会与人生拥有比常人更为宽阔的视

野。身为知识分子,以关注社会、改造社会为己任的使命感又让他们对社会与人生拥有比常人更深的思考和见解,在谈论当前的新闻热点时往往能够切中要害。同样,他们也能从专精的观点中透视平常的社会现象,将人世间种种行为作更加深入的分析和更理性的解释,无论是吃喝拉撒还是国家大事,他们都能给出深刻的见解。

②参与节目的嘉宾大多具有口才好、喜欢聊天并善于沟通的特点。因此,在就某个话题进行讨论的时候,场面不会出现"一边倒"的情况,彼此的话语场都比较均衡且各有独特的角度,几个方面的观点和思路都能说得通。这样就给予了受众极大的思考空间,对这个话题充满新鲜感,使他们能够在短短的 25 分钟内听到对热点新闻话题精辟且独到的解读。

五、主持人分析

窦文涛曾经这样描述他在《锵锵三人行》中的主持风格:"那时候,习惯了经典谈话类节目的我,无法想象在这样的前提下,节目可以做出怎样的效果。在这个大难题面前,我犯愁了。当时的播音员说话要字句清楚、抑扬顿挫、稳若泰山——好比西装,倜傥光滑。可是,我对这样的说话方式却不以为然。一天,我忽然想到,一个播音员或者主持人说话,为什么不可以保持最原始的自然放松的状态呢? 这如同牛仔裤,舒适大方。这时的感觉,像漆黑的夜色里放进一道月光:放宽审美观吧。我们和朋友之间不也总就不同的话题发表自己的意见吗?也许没有专家学者谈得那么深入,但是这份自然比他们的一本正经,正如牛仔裤比之西装。"窦文涛也一直在实践这样一种平和、轻松的主持状态。

从窦文涛整体主持风格来看,他的个人特色主要体现在以下三点。

1. 真诚

观众对窦文涛最大的感觉在于"真实"。他习惯以一种草根姿态出现,用普通观众都能听懂的大白话解释问题,碰到不懂的问题则虚心求教于嘉宾,并自嘲才疏学浅,完全不避讳自己的"短处",乐于分享自己平凡普通的生活状态。这种"不装"的风格很容易博得受众的好感。敢于自揭其"短",使受众和主持人之间形成一种对等的视角,这也是《锵锵三人行》能够获得认同的感情基础。正是这种真实,将窦文涛的屏幕形象塑造得质朴而平易,撤去了所谓"主持人"的高贵光环;也正是这种真诚,承载了观众在窦文涛这位"名嘴"口中想听到真知灼见的期望,更成就了窦文涛平民定位的独特主持风格。例如,在 2004 年印尼遭受特大海啸时,窦文涛在随后的节目中谈到他一生中捐出的最大的一笔善款:"我本来决定捐 5 万元,在按下确定键的一瞬间,我感觉多按了一个零,顿时,我的脑袋嗡的一下,汗就下来了。"他的这种"世俗",让观众觉得他是一个可以亲近的"真人"和身边人,而非一个衣着光鲜、假模假式、高高在上的"电视人"。

2. 幽默风趣而又犀利

幽默风趣是窦文涛主持风格的一大标志性特色。他在主持中善于自我调侃、自嘲,让整个主持过程诙谐幽默。例如,在谈及名人超生问题时,窦文涛就调侃说,自己就不愿意当名人,哪天给逮着了,还不好对付。另外,他善于在语言表达中使用比喻、仿词等修辞手法,让语言形象化、幽默化。

窦文涛的这种幽默中存在的对时弊的攻击性导向,既能避开卖讪求荣式的直谏,又可松绑多数受众的心结,实为窦氏主持风格的又一亮点。

3. 保持对节目的把握和平衡

在实际的节目中,窦文涛既要善于调动嘉宾的侃兴,又要善于营造平等而又热烈的氛围,不抢话也不冷场,始终位于话语的中心,让话语权在三人之间流转。

窦文涛对嘉宾奉行的态度是既不居高临下也不刻意奉承,而是以一个善解人意的聊天朋友自居,用真话、诚恳的语气与嘉宾交流,显示出对嘉宾最大的尊重。他抛弃了一般谈话节目中的"路线图策略"(主持人应当对嘉宾与现场观众循循善诱,以此来牵引节目有序发展),从不无理打断嘉宾的思路和话题,还会有意混淆主持人与嘉宾之间的明晰界限。他要制造一种真正平等的对话关系,而非主动、强力地控制话题。他尽量让嘉宾讲,听他们的意见,自己只在适当的地方插话。

六、谈话场景布置

《锵锵三人行》的演播室布置得非常简单,仅二十平方米的一个摄影棚,一张桌子、三把椅子,桌上三只茶杯,桌上偶尔散放着一些书籍报刊作为话头,再没有其他道具。后来,随着凤凰卫视的逐渐发展,《锵锵三人行》保留了三人一桌的形式,使用绿幕抠像技术,将背景换成了3D效果。整个演播室的布置有点像家中温暖的客厅,又有点像都市里悠闲的茶室,没有音乐伴奏,没有台下观众,这就奠定了其"沙龙式聊天"的谈话方式,希望借此营造出一种随意、放松的私人谈话空间。在这样的环境中,谈话者可以漫不经心,可以插科打诨,可以无所顾忌,有利于谈话者的心理放松与聊天情绪的培养,从而减少一般嘉宾进入演播室容易遭遇的"情景制约",减少嘉宾的不适应感和陌生感,让嘉宾与主持人能够侃侃而谈。

【实训】

一、训练目标

选择收看几期《锵锵三人行》,分析主持人在不同谈话选题中的表现。

二、训练方案和要求

在收看节目过程中,请注意三个方面:主持人如何展开话题、主持人如何与嘉宾互动、主持人如何推进话题的多元化。

三、训练提示

在分析主持人的表现过程中,特别注意主持人的措辞和动作、表情。

第四节　解析《对话》

一、《对话》节目简介

开播时间:2000年。

播出平台:中央电视台经济频道。

播出时间:每周日21:55。

主要节目内容:嘉宾均是国际政界、行业先锋或具有相当社会影响力的标志性人物,节目致力于为他们和投资者提供一个交流和对话的平台,誓要"给思想一片飞翔的天空"。节目从近期重大新闻事件、热门人物或某一经济现象切入，探讨新潮理念，让观众体会这些时代精英和商界弄潮儿的人生经验，着重突出思想的交锋与碰撞。为我们呈现了一场思想与心灵交融的文化盛宴，也让我们感受到了一档电视节目对社会群体的人文关怀。

二、节目定位成功

1. 观众定位明确

随着社会的变革和转型，社会阶层开始明显分化，电视观众也进入一个分众的时代，观众们的兴趣、爱好和价值观出现差异，媒体节目的理念和传播方式也应当有所调整。在当下的媒介市场，有两个群体的收视需求是亟待满足的：一个是关注经济改革动态并具有决策能力的社会精英人士，他们受过良好教育，专业素质较高，关注社会经济发展并活跃在社会经济各领域。另一个是中产阶级，这个群体在不断扩大，素质不断提高。他们都是社会舆论的中流砥柱，其社会影响力和消费能力很强。这部分人的兴趣、品位不是一般栏目可以承受的，他们会对栏目有较高的要求。央视的经济频道无疑具有超强的资源、人脉和能力，完全可以制作出相当水准的节目，《对话》则成功锁定这一成长型的人群。节目在运行过程中努力从各个方面实现自己的"精英追求"。现场无论是嘉宾还是观众都具有一定的身份、地位，多为经济学家、商业巨擘、热点事件的当事各方等。正如制片人王利芬所说，《对话》定位的受众是那些"有影响力的人"和"想成为有影响力的人"。

2. 选题定位

节目以中产阶级和社会精英为受众群体，他们的收视诉求主要集中在三个方面：了解当下中国的各个行业的最新动态以及未来发展趋势；公司管理和运作的经验和技术；折射出的人文关怀方面。

基于以上的收视需求，《对话》节目的选题一般以两个类型为主：一种是评论类型的话题，如"相信中国制造""汇率改革改变了谁"等讨论最新经济动态，为中国经济指点江山；另一种是人物故事话题，如"感受吴敬琏""宗庆后的'中国式离婚'"等，展现嘉宾们真实的工作和生活经历以及思想和情感的变化。

选题的具体内容以"开放""前沿""创新"为理念。话题的开放性使得节目内容能够兼收并蓄,嘉宾才有对话、交流甚至交锋的可能,从而激发出更多元化的思想和观点。"前沿"则体现了话题的时效性,节目能够及时把握当下焦点、热点或者有争议的问题,请嘉宾们在节目中给出分析和意见,借助央视的传播力能够起到一定的舆论引导的作用。而创新则更是节目发展的源泉,《对话》节目诞生本身就是一个创新——中国第一个专注经济领域问题和人物的精英访谈节目。在之后的选题上编导们也不断推陈出新,如策划过具有争议性的问题的辩论会,还推出过特别节目《华尔街风云》,用课堂教学模式替代采访,请业界大佬或者有过在华尔街工作经历的嘉宾给大家讲授当前经济形势、存在的问题的原因、影响以及可能解决的办法。以中印合作为主题的节目则请到不同合作领域的双方代表进行一对一的模拟商务谈判。这些节目形式大受好评,很多观众认为对经济问题的讲解在不失专业性的前提下做到了通俗易懂,让更多普通人受益。

3. 嘉宾定位

因为栏目是以关注经济动态并有一定影响力的社会精英为受众目标,而这一观众群比较偏爱在权威身上寻找自己的心理投射,在权威的言论中确认共同价值观或者收获更新的资讯和思维角度。因此,嘉宾的筛选有一定的标准,一般是有相当社会地位的重量级人物,如政府官员、经济学家、企业精英或者是新闻事件核心人物。除了让他们分享事业的经营经验和专业上的建树,更让他们分享身上丰富的情感故事和人生经历,让观众的关注度更高,也让整个谈话更富有人情味。

三、内容设计

1. 强调冲突

难以想象在长达1个小时的深度谈话中,不管嘉宾多大牌,如果只是听他们就经济问题进行理性讨论,单纯地介绍成功历程,节目将是单调而无趣的,《对话》节目就不是"对话"而是"说话"了。而"对话"的意义在于不同人能够从不同角度看待同一个问题或者现象,在"对话"的过程中,不是简单地提出一个现成的结论,而是必须努力营造一种交锋的状态,设置可供交锋的话题点,坦诚地展示思想、激烈地进行观点碰撞,通过互动产生思想的火花和独特的思维方式,构筑立体的话语体系。

我们经常可以在节目中看到,台上的嘉宾之间甚至台下的观众和嘉宾之间,如果对某一观点持有异议,可以互相提出问题共同参与讨论。这种有冲突的"对话"不仅可以更加真实地反映嘉宾的内心世界,也能够很好地体现谈话的张力,吸引双方交流的兴趣和观众的注意力。其实对于嘉宾而言,他们都非常喜欢观点上的挑战,习惯在挑战中表达自己,通过这种方式也可以了解到目前中国这些行业领军人物的真实想法。此外,在"对话"中,思想坦露得越是彻底,讨论得越是激烈,这种针锋相对的效果往往会延伸到节目结束以后,甚至会成为社会热点,在一定程度上也成功地宣传了节目本身。

2. 内容强调理性与感性兼具

当下大多数的访谈节目都是以感性诉求为主,然而千篇一律的情感故事难免会让观众审美疲劳,逐渐对同类题材的节目产生麻木甚至厌烦的情绪。于是理性诉求成为谈话节目的另外一个发展方向,理性诉求所倡导的是多元化的观点、丰富的信息量。《对话》请来了不同领域的领军人物,来阐述经济话题并展开激烈的讨论,给观众带来丰富的信息量、独到的思考角度,受到观众的好评。节目组在保证内容质量的同时并没有完全放弃谈话节目中的情感因素,避免了过于客观、单调、缺乏人情味。

《对话》往往通过对现象的讨论延伸到嘉宾们自身的经历,展示他们的矛盾痛苦或者成功喜悦,节目在折射经济社会潮流的同时也真实而充分地讲述了嘉宾们的动人故事,使得节目也兼具了人性化的一面。

四、节目重视互动

《对话》节目想要真正地实现"思想的交流、智慧的碰撞"的理念,需要在谈话中全方位地运用互动模式,这就更需要观众能够参与其中。因为对话是交流而不是灌输,不仅通过现场互动,还包括节目播出后在网络和各种媒体的延伸讨论,都突出了观众的参与意识,使观众能够更好地融入节目,提升了观众的忠诚度。

1.观众参与

在我国现阶段的谈话节目中,现场观众的参与性是非常弱的。从节目方来说,他们的重点永远放在台上的嘉宾身上,而台下的观众往往只是"背景",而不是节目的有效内容之一。从观众自身来说,他们往往碍于面子,怕说错话招来批评或者不愿意表达意见去做一个锋芒毕露的人。

《对话》节目积极地改变着这种被动的现状,在讨论现场尽可能提供多的机会让观众能够参与发言,集思广益,使对话现场思维火花四溅,这样的节目效果是最好的。

此外,节目还开通了网上投票系统,观众可以自己选择上节目的嘉宾,也可以报名成为现场观众参与讨论,未来甚至可以借助新媒体技术实现电视、网络同步直播,让那些不能亲身来现场的观众也能成为"对话场"的参与者,真正实现线上线下同步互动,全民参与。

2.多元化的互动方式

《对话》设立了自己独立的官方网站,观众可以随时、反复收看节目视频,固化了节目内容。而通过论坛留言方式进行互动,又扩大和丰富了节目传播效果和功能。相较于传统的电视收看只能够接收信息而言,借助网络,观众还可以反馈信息,甚至边看边参与讨论,这种双向式的介入传播能对信息的接收者起到非常积极的作用,增加了观众和节目的黏合度。

节目组还积极开展观众见面会、问卷调查、各种节目推广会和学术论坛等线下活动,例如在"两会"期间举办过"春天的约会"特别活动,邀请两会代表就观众所关心的热点问题进行探讨。《对话》开播周年的时候,节目组将最精彩的节目内容结集成书并在全国开展了多轮的宣传活动,不断强化节目品牌的影响力。

此外,《对话》节目组还与诸多平面媒体合作,将每一期节目的文字内容提供给对方,以书面的方式延续节目的内容,以期覆盖那些不关注电视节目的受众群体。

【实训】

一、训练的目标

收看多期《对话》,分析节目的主题内容和形式的设计是如何做到嘉宾、观众和主持人之间的全方位互动的。

二、训练的方案和要求

1. 收看节目,仔细推敲每期节目的主题可能暗含着哪些矛盾冲突以及可以延伸的讨论话题。

2. 分析节目中主持人如何激化嘉宾讨论时的矛盾,以及在合适的时机化解矛盾,以维持节目的和谐气氛。

3. 思考节目中除了已经使用的与观众的互动方法,还有哪些可以增强观众参与性的手段?

三、训练的提示

请注意节目中伴随着矛盾冲突而来的镜头和背景音乐的变化。

第三篇　脱口秀类节目评析

【知识目标】

　　1. 了解脱口秀节目的背景；

　　2. 分析不同脱口秀节目主持人的语言特色；

　　3. 学习脱口秀节目的选题原则。

【能力目标】

　　1. 能够理清脱口秀节目的出彩之处；

　　2. 分析脱口秀节目在当下"走红"的原因。

【案例导入】

收看江苏卫视《四大名助》。

播出时间：每周四 21:30。

节目基本内容：节目由孟非担任主持，并搭档三位一线名嘴嘉宾组成"四大名助"阵容，在节目中通过嬉笑怒骂的讨论，帮助普通人解决各种烦恼问题。

思考：

1. 这档脱口秀节目的主持人的叙事策略是什么？

2. 这档脱口秀节目的主持人的语言风格是什么？

3. 这档脱口秀节目的选题定位是什么？

第五章 脱口秀节目概述

一、脱口秀的概念

脱口秀节目是指由主持人、嘉宾、现场观众组成一个谈话场，针对社会、政治、情感、家庭和人生等话题进行讨论。节目主持人在主持节目过程中，不像其他节目按照既定模式和串场语言依次开展节目，而是更多地体现为主持人即兴表述、脱口而出，呈现出非固定性的节目样式，让受众感受到一种"在场"的兴奋与狂热。脱口秀节目是一种最能体现大众传播与人际传播两者结合的理想节目样式。这类型的节目需要主持人具有非常灵敏的思维反应和高超的语言表达能力，既要有严密的逻辑性，又要有很好的幽默感。

二、脱口秀节目的基本元素

1. 新鲜而有深度的话题

话题的选择是电视脱口秀节目的核心环节，新鲜时尚热门的话题容易使受众保持对节目的持续关注。此外,节目话题触及的深度会直接影响节目的寿命,节目要想长久不衰,必须有长久不衰的话题和必要的深度。另外,话题选择要有"卖点",符合受众的心理预期;要有创新性,符合时代发展的需要;要有可操作性,所选定的话题一定要能够讨论起来;要有一定的深度,符合节目的制作规律;要有一定的趣味性,贴近实际、贴近公众、贴近生活。最终,让观众可以在节目中通过主持人对话题的解读与点评,获得一种心理满足、一种对人对己的认知、对社会的认知和思想上的启迪。

2. 平民的论述视角

脱口秀节目主持人的平民视角决定了节目与受众的亲疏远近。很多脱口秀节目强调主持人的平民风格,认为这对保持主持人的客观公正态度,使之为最广大的受众接受非常重要,而大都市、贵族气派则不足取。

许多名嘴之所以受受众喜爱,主要在于他们的主持是一种接地气的主持风格。这种风格摒弃了"播音腔",谈话亲切自然,这正是脱口秀节目的魅力所在。为进一步拉近节目与受众的距离,不少地方电视台甚至开办了形式多样的带有方言元素的脱口秀节目,凸显浓郁的地方特色,紧紧抓住了当地受众的眼球。

3. 主持人的重要作用

脱口秀节目与主持人的关系之密切胜过许多其他类型的节目。脱口秀的灵魂是主持人,节目风格也完全取决于主持人的风格。他在节目中表现出的极具个性特征的人格魅力和风趣的即兴言语是脱口秀节目精彩之处。在电视脱口秀节目中,主持人又是节目的推动力元素。他的人生经历、学识、内涵在脱口秀节目中可发挥到极致,并能得到淋漓尽致的展现。如果主持人动力充足、方向清晰、节奏鲜明,那么节目就会自然顺畅、有品位有档次,充分展现出脱口秀的特色。

三、脱口秀的基本类型

1. 新闻资讯类脱口秀

这是以湖南经视的《观点致胜》为代表的一类节目。这些节目的共同特点是围绕一些社会热点以及时事政治事件、奇人新鲜事、网络事件给予客观而独到的点评。有时还会配上音乐,把字幕和调侃的语言融合在一起,进行一种娱乐化的新闻解读,给受众带来新的视角、有趣的内容;也起到引导受众思考,帮助受众客观看待新闻时事,引导受众树立正确观念的目的。

2. 娱乐脱口秀

以湖南卫视《天天向上》为代表的这类节目把娱乐节目和谈话节目这两种不同类型的节目形式和元素融合到一起,在节目定位、主持风格、话题表述方式等方面却呈现出与以往谈话节目截然不同的、鲜明的娱乐和搞笑风格,打造出一种全新的节目形态,实现了对原有谈话节目形态的变革和超越。

四、脱口秀节目的新发展

随着网络技术的不断更新换代,传统媒体开始向新媒体的转变和融合;Web 2.0 技术的发展进一步促进了网络视频跨屏传播的便捷性:手机、电脑、平板电脑成了人们即时互动、参与互联网生活的直接工具。这些技术与设备为网络自制节目的出现提供了客观条件上的便利。另外,传统的电视节目受到技术、制作方式、审查制度、发行、播出等诸多限制,再加上日益严重的节目同质化问题,生存越发艰难。在这样的媒体大环境下,许多以网络为载体的节目应运而生,大的视频网站纷纷改为自制节目,网络自制剧、自制脱口秀、微电影等众多网络自制节目类型都成为他们竞相挖掘的"金矿",给网络视频节目的发展带来新的春天。其中,网络自制脱口秀节目更是因其原创性高、节目时长适宜、制作门槛及成本低、受众定位准确等特点,在近几年进入高速发展期,一系列不同类型的优质网络自制脱口秀节目脱颖而出,迅速走红,整个社会掀起了一股网络自制脱口秀节目热。

例如,2007 年搜狐视频出品的《大鹏嘚吧嘚》,是中国互联网第一档综艺娱乐脱口秀节目。主持人大鹏利用自己特有的"鹏式"语法,揭秘娱乐圈事件真相,逗乐观众。作为首档网络脱口秀节目,无论是从节目形式的创新,还是从节目内容的选择,它都为网络脱口秀节目的发展开创了一个新的起点。2009 年开播的草根脱口秀《麻辣书生》则开启了自媒体脱口秀的新纪元。2012 年《晓说》的问世,引起了网络脱口秀节目的点击狂潮,同时也开启了人文知识类脱口秀节目发展的新风尚。节目由著名音乐人高晓松与视频网站优酷网共同打造,并于 2012

年9月登陆浙江卫视,从互联网反向输出到传统媒体,成为互联网脱口秀节目品牌化输出的典型案例。

【实训】

一、训练目标

观看任意一档脱口秀节目,要求学生思考脱口秀节目最显著的特征。

二、训练方案和要求

1.学生分小组收看脱口秀节目。

2.学生讨论脱口秀节目给人印象深刻的地方。

3.学生将所讨论的结果整理成自己的观点。

4.学生分条阐述脱口秀节目的传播特点。

三、训练提示

1.注意主持人在脱口秀节目中的表现。

2.注意话题的切入方法。

3.注意观众在节目中的表现。

第六章　经典脱口秀节目评析

第一节　解析《罗辑思维》

一、《罗辑思维》节目简介

开播时间：2012 年 12 月 21 日。

播出平台：优酷、土豆等多个视频网站。

播出时间：每周五晚更新。

主要内容：《罗辑思维》是由罗振宇为知识传播多样化而创作的网络视频脱口秀、同名的微信公众账号和文化传播社群共同组成的品牌，其口号是"有种、有趣、有料"，倡导独立、理性的思考，推崇自由主义与互联网思维，做大家"身边的读书人"。在每期节目中，罗振宇分享个人读书所得，启发独立思考。视频以其丰满的知识品质和独特的个人语言表达风格，在互联网视频领域独树一帜。

除了每周更新一期《罗辑思维》的节目，罗振宇还在每天早上 7 点钟左右通过"罗辑思维"微信公众账号推送一段 60 秒的语音，分享其生活感悟；同时，推送一篇其本人推荐的知性文章，启发微友对生活的感知和思考。

二、节目出现和发展的背景

1. 自媒体的出现与发展

自媒体的迅速发展使自媒体不仅仅是一个自我的信息概念，而是物化为一个全能的媒体平台。在这样的媒体环境下，大众变得身兼多职，既是信息的接收者,也可以是信息的制造、发布者。这一自由的空间,使公众压抑良久的情绪找到了出口,草根阶层的话语兴奋成了网络狂欢的重要内容。这种寻求自由、寻求表达的狂欢氛围不仅是网络文化的发源,也成了孕育网络脱口秀这种节目形式的沃土。因此,拥有独特的人格魅力和自身特色的自媒体才能在与传统媒体的竞争中保持优势,取得长远的发展。

2. 舆论环境的变化

改革开放以来,国民的言论空间有所增加,国民的价值取向也日益多元化,这些为媒体节目市场的繁荣提供了政治保证。网络自制脱口秀节目的"诞生"环境就宽松很多,比如,节目的话题选择可能更加宽泛,对所涉及话题的内容讲解、调侃可能更为彻底,语言可能更加犀利。过去电视节目所不能选择的敏感话题、不能触碰的敏感词汇,网络自制脱口秀节目也许都能一一实现突破。受众希望从这些节目中获得更深刻的认识、得到更畅快的发泄,这也是他们喜欢网络自制脱口秀的重要原因之一。

3. 读书类节目发展的滞后

当下娱乐节目成为电视媒体获得收益的重要保障,而电视读书节目目前的却是举步维艰。读书节目诸多的困境也创造了这类脱口秀节目发展的新机遇。

三、准确的节目定位

在新媒体环境下,受众群体基本信息基础深厚,具备一定的信息传播技能,求新、求变心理强烈,对硬性的决策参考性信息和软性娱乐信息需求巨大。同时,受众的地位也发生了巨大的变化,他们早已不再是单纯的信息接收者,而是积极的信息参与者、评论者,甚至是传播者。因而以互联网为基础的自媒体节目必须进行全新的受众定位,给特定的受众传播其最感兴趣的内容,才能留住受众。

《罗辑思维》的成功在很大程度上正是源于它从创办之初就明确了自己的目标受众群。罗振宇在《罗辑思维》微信公众号上有明确的说明:"我们想要打造的是一个有灵魂的知识社群,一帮自由人的自由联合。"具体来说,它的服务对象是一群爱读书、活跃于互联网、拥有一定知识储备、有着独立思考能力的知识分子群体。群体中以"80后""90后"居多，并以男性为主，男女比例分别为84.6%和15.4%；从年龄分布上看，受众中22～39岁的人群占大多数；职业多为学生和白领。这个受众群体是自媒体的主力军和最活跃的群体，他们经常在自媒体上发表自己对社会问题以及人生的看法，观点也比较新颖和独特。罗振宇解释了对自己节目的受众定位——将要强化观众的认同感与衔接。对于受众来说，《罗辑思维》的存在价值在于这个受众群体对自我价值认可的需要，而节目恰好将这种"认同"转化为连接受众的纽带。与此同时，这一群体最容易接受新事物，对各种线上线下活动的参与意愿很高。由于他们的整体知识水平和文化素养都比较高，因此他们比较倾向于收看理性分析、观点独特的有深度的知识性的节目。《罗辑思维》"在知识中寻找见识"的求知热情，"爱智求真、积极上进、自由阳光、人格健全"的人生信条，契合了当代知识青年的精神诉求。

节目的这种精准的受众定位，符合这个"众声喧哗"时代自媒体节目的发展趋势。团队用"死磕到底"的专业精神，在节目制作上实现了专业化，并以高品质的节目质量打造出自己的金字招牌，试图打造一个互联网知识社群。最终在受众中形成了一个独特的交际圈——一群知识青年的网络社区，受众通过各种方式与主持人交流探讨，导演会针对这些观点进行后续的节目录制，同时也为节目不断地扩充了素材内容。因此，在分众化时代，《罗辑思维》采用的节目小而精的分众策略值得借鉴。

四、节目内容分析

1. 选题特色

《罗辑思维》的选题涉猎广泛，包括政治、经济、社会、文化等多方面。例如，第9期《慈禧的善与恶》涉及历史领域，第12期《权力之下无真相》涉及政治领域，第2期《拒绝逃离"北上广"，见识决定命运》瞄准了社会问题，第42期《离开达尔文的日子》瞄准的是文化问题。其中，解读社会文化现象的议题选择范围较广，不仅符合受众口味、挑起大家观看的欲望，又敢于大胆讲，比如《反腐到底反什么》《中国为什么有前途》《岳飞为什么必须死》《读书人的新活法》《你的女神你不懂》等。这些议题包括了对不同地域的生活探讨、不同时代的人的解读、对价值问题的思索,既会讲到民族命运、国家政策得失,又会谈及人性、情感,更有对恋爱、拖延症等轻松时髦话题的解读。

2. 节目内容特色

"内容为王"一直是传媒行业竞争的不二法则。目前各大视频网站主打的依旧是电视剧、电影、综艺节目,但是《罗辑思维》的成功让很多人看到了严肃类读书栏目的潜在优势。因而其节目内容定位为"知识型视频脱口秀节目",主旨就是传播知识。主讲人罗振宇也以"古代有钱人自己有眼睛却不读书,而是花钱请别人读书给自己听"为类比,把自己比作受众身边的读书人。

整体来看,《罗辑思维》拥有多样的内容,在节目内容的选择上所涉及的领域丰富多彩,宗教信仰、科幻想象、底层民生等问题也使得观众的视野更加广阔。由于它要吸引的社群用户以"80后""90后"为主,除了内容新鲜、有趣以外,要持续调动他们的注意力和参与热情则需要相应的对策——传播有价值、接地气的内容,要体现深度、角度、力度,内容形式需多变、多疑、多思。

在每期节目中,罗振宇凭借自己的知识与志趣,围绕着一个话题,对该主题相关的优秀书籍进行推荐,正如罗振宇所说:"希望成为大家的疯狂书童。"节目以罗振宇的读书心得为切入点,其内容富含知识性。罗振宇在节目中抛弃了段子和包装,以历史、社会、经济、文化等具体事件为切入点,以独特的视角正说、歪解,阐述观点,完成对这一话题的解读,旨在引发受众的兴趣、启发受众独立思考、提升其多维度思维的能力。

例如,在第2期《逃离"北上广"的另类解读:见识决定命运》中,节目提出天才并不只是在大城市中产生,更可能的情况是,那些身处偏远乡村的天才们没有办法认识到自己是一个天才。因为与城市相比,乡村并没有建立起一套完整的、一致的个人评价体系,从而使很多人的才华被埋没。在讲李安的《少年派》引出老虎的原型的理查德·帕克,而他正是1884年英国海滩吃人案的受害者。又由此转向哈佛大学法学教授萨博提出的洞穴奇案引发的争论,阿伦特为集体主义素描,陆秀夫背幼主殉国,汪士铎谈人口问题以及胡适关于自由的谈论,从"为了多数人的利益刻意破坏少部分人的权利"这个论题深入到当今个人自由与国家利益之间的抉择。《罗辑思维》这一节目在给受众普及知识的同时,也在引导他们从另一个角度看待和认识社会问题和现象。因此,《罗辑思维》表面是传播知识内容和观点,但其本质是传播价值观念,相同的价值观认同才能形成巨大的人格魅力与节目影响力。

3.讲述方法独特

(1)讲述的角度

《罗辑思维》视频节目主要是采用讲故事的方式,使用全知视角,用第三人称进行讲述。大多数时候是将某个故事的来龙去脉向受众分析清楚,并且提出独到的见解。在讲述过程中,就像"事后诸葛亮"一样,将故事中的人物场景逐一调度。在讲述历史兴衰的时候,罗振宇自然而然地凌驾于整个故事之上,不仅对帝王、权臣、腐败等历史话题分析得犀利且幽默独到,而且通过评价历史事件、历史人物,借古喻今,最终落脚到今天人们的选择。对于逃离"北上广"、房价、地沟油、爱国、就业等当下热点,也能结合古今中外众多参照物,积极理性地审视当下中国所处的阶段和前景。这是他的脱口秀节目最大的魅力和与众不同之处。

(2)讲述的方法

罗振宇的讲解思路也是《罗辑思维》成功的关键。罗振宇自称其讲法属于自由而不注重权威与系统性的表达风格,通常分为三段论式讲解,即"第一段按大众传统认知去解说,第二段是打破传统的新观点,第三段是闲说"。第一部分正说,即按照传统的社会价值观评价热点话题,起到一个抛砖引玉的作用,为后面的节目内容做引子。第二部分反说,即罗振宇运用在书中得到的理论来质疑或反驳前面陈述的观点。第三部分则是闲说,此时主持人从理性角度出发,保持观点中立。例如,在第一集《末日启示:向死而生》中,他表明"我们绝不相信末日",之后用埃及文物古迹、崇祯测字、索引派如何研究《红楼梦》等故事讲述古代各个文明是怎样认识死亡的,证明末日的不可信,更多的是商家用来炒作贩卖的噱头。第二段则话锋一转说"相信末日也有好处",怀着一种"向死而生"的心态才会更加珍惜生命,并且引用路易十六、慈禧、纳粹空军司令戈林的例子来证明观点。在第三段中,罗振宇再次转变话题,很随性地谈到他最近读到的一篇关于"费米惊论"的文章,把听众的思路又一下子拉到了外太空。这种罗振宇式的表达风格使《罗辑思维》节目既有一定的知识性,又不失轻松、幽默和娱乐。

五、主持人分析

1.个人魅力

文化类脱口秀主持人除了非平台依赖外,还必须具有鲜明的个人风格。这种脱口秀的特点是"说人话、接地气、有标签"。其背后的关键是人,是以人格魅力为核心形成的影响力。

罗振宇深谙此道,除了利用已有的名人效应外,他还积极打造其自身个性,进一步扩大名人效应的号召力和影响力。正如罗振宇对《罗辑思维》的定位:有种、有趣、有料,《罗辑思维》的媒体产品有着强烈的个人风格、接地气的切入点,包括独立的思想见解、翔实的论证材料。罗振宇说过,"魅力是互联网世界的稀缺物资""传统媒体的价值枢纽是内容,自媒体的价值枢纽是人格魅力,自媒体是从传统媒体的卵壳中孵化出来的,自媒体不在传统媒体的'外面',更不在它的'对面',它在传统媒体的'上面'"。未来传播的规律是内容和人格体将会更为密切地结合在一起。因此,"打造自媒体,就需要打造自己的'魅力人格体'"。关于什么是"魅力人格体",罗振宇解释道,"魅力人格体"包括三个基本要素,分别是"不靠谱""真牛气"和"自恋"。无论罗振宇的"魅力人格体"说法是否合理,但追求"个性化"确实能够让罗振宇的名人效应得到最大程度的发挥。他也一直主张搞自媒体的人千万不能太循规蹈矩,要有一点点邪恶,自媒体不怕被骂,就怕被嫌弃。在具体运营中,罗振宇往往能够针对各种社会问题发表独到的见解,表现出不盲从、追求独立和个性的特质,从而建构出有别于他者的强烈的个人魅力,从而吸引人们的关注和喜爱。而这些又通过"光晕效应"进一步辐射至《罗辑思维》,为《罗辑思维》在微信公众平台上聚集起一批有共同信仰的社群打下基础,从而巩固和加强《罗辑思维》的品牌形象,在竞争中形成差异化优势。

罗振宇在节目中一直坚持自己的风格,他认为,自媒体人一定要有自己的格调,要发自内心地坚持"自我"。按照罗振宇的说法,他就是这么自恋的。他经常在视频和语音中说,如果你不想听我说话,那就不要听,纯属自愿。自媒体人永远无法满足绝大多数受众的需求,要做一档长期生存的自媒体节目,最重要的是保持自己一贯的风格,正如凯文·凯利所说:"任何创作艺术作品的人只需拥有1 000名铁杆粉丝便能糊口,自媒体人要把主要精力放在节目的核心受众上,提高用户的黏性,在维护好核心受众的基础上吸引到更多的粉丝。"

2. 建立信任

信任的构建来自与受众面对面、个人与个人的交流。罗振宇作为信任的代理,每天早上6:30会在微信公众号中发一段60秒的语音,精选一篇文章,其内容开放、文字精练,每篇文章后面还附有罗振宇见解独特的评论,即"罗胖曰"。他对自己严格要求,多年如一日地推送语音,而且时长不长不短,准确到60秒;录制节目不用提词器,只靠把台词背得滚瓜烂熟,导致每期不到一个小时的节目花6~7个小时才录制好。然而对于罗振宇来说,每天一条语音、一段文章很寻常,用他的话说:"所有的媒体人6点半都起不来,那我就死磕,做你们做不到的一件事,别人做不到,我做得到。"罗振宇成功地把这个时间点经营成他的个人标签,用户哪怕不去听他发送的语音内容,也会佩服他的坚持。但正是罗振宇这种死磕自己的精神和周到的服务,构成了罗振宇的人格魅力要素,使受众与罗振宇建立了信任、牢固的关系。这种关系的延续增强了受众黏性,集聚了相对稳定的受众群体,以便于《罗辑思维》的广泛传播。

不同于其他的许多自媒体,为了实现盈利匆忙地将广告商拉入自己的平台,《罗辑思维》不急于将广告营销引入自己的媒体,线上粉丝几乎收不到那些令人反感的广告推广。《罗辑思维》与广告商的合作几乎都是在线下进行的,并且达成的是品牌推广的共识,而非传统广告以利益作为目的的短期营销。这样的做法增进了平台与粉丝之间、与广告商之间的信任与忠诚度。

3. 语言风格

风趣、幽默、亲切的语言风格,搭配上罗振宇圆脸、略胖的体形,给受众极大的亲民感。一方面,主持人的亲民形象与亲民语言特色拉近了节目与网络受众之间的距离,让初次接触该节目的网络受众有一种接地气的感觉,在心理上产生观看的意愿。另一方面,节目发展中罗振宇口语化的语言表达口吻、幽默而又贴切的调侃手段,使得一些道理或知识不再那么晦涩、生硬,让受众在观看节目的过程中感到轻松与愉悦。这在一定程度上对观众产生吸引力,从而能够延伸出二次甚至长久观看的欲望与行动。例如,在第二季第17期《胡适的百年孤独》这一期节目中,罗振宇开场给大家献唱,《兰花草》的歌声一出场,一下子就逗乐了观众,因为这是中国诸多城市里洒水车播放的旋律,立刻拉近了与网络受众之间的距离。节目中，罗振宇频频使用"啥咧""呢"等字词汇作为语句结尾，配合其圆润的脸庞、敦厚的表情，有点"萌"到了观众。比如，"可是他的思想又是啥呢""为啥我们对胡适这么陌生呢"等话语，话里话外的语气让观众觉得特别软，心理上的接受感就比较强。

六、节目的传播营销之道

1. 挖掘微信公众账号的潜力

微信作为一种依附于网络而存在的新型社交媒体，具有自由、平等、便捷、共享等与传统媒体截然不同的传播优势，因而不断地改变着人们接收、使用和传播信息的习惯，进而在一定程度上影响着他们的世界感知、人际互动和社会实践方式。其中，最突出的一点便是新媒体所特有的"互动性"及其影响。现代的受众们更希望与传播者进行互动的、有深度的和平等的双向交流，而非传统媒体时代单向的、灌输式的信息接收。

《罗辑思维》也很好地利用了微信传播的优势，节目创立了自己的微信公众号，通过微信平台每天给微友发送一条语音消息，消息的内容包罗万象，有社会热点、经济学现象等。主持人在播读完消息之后会告诉大家一个关键词，微友可以通过回复这一关键词获得一系列的有关信息。通过微友们选择回复的内容和他们回复的数量，节目组可以了解到固定受众的数量以及这些受众的喜好，"对症下药"。同时，微友可以通过微信"点题"，罗振宇会在下一期的节目中选择多数人点出的题目进行讲解。这项服务不仅可以满足受众的需求，还能巧妙、简单地搜集节目的素材。受众向节目编导们传递其所关心的问题，编导们可以通过微友的反馈及时调整节目内容，使节目内容符合大多数受众的口味。另外，在"会员专属"中包括了"会员资料修改""会员互动区""领嫁妆""会来事""罗胖书单"等分栏目。在"领嫁妆"分栏目里，《罗辑思维》女性会员如果在2015年与《罗辑思维》的男性会员结婚，可以获得《罗辑思维》与商家合作提供的结婚相关服务；在"会来事"分栏目里，社群成员可以在该栏目中求助或者助人，形成了一个社群成员的众筹平台；"罗胖书单"分栏目里每期设置一个主题，在该主题下有罗振宇及其团队推荐的书单，还附上优酷视频中《罗辑思维》脱口秀的视频链接；而在"逛商城"栏目中，《罗辑思维》公众账号的粉丝可以在该店铺中购物。

2. 打造会员体系

2013 年 4 月，《罗辑思维》推出会员制。会员是这档自媒体节目所造就的一群节目的忠实支持者，而这些支持者的出现并不是无偿的，需要支付一定的费用：5 000 个普通会员，价格为 200 元；500 个铁杆会员，价格为 1 200 元。从表面上看，《罗辑思维》会员和节目本身的制作或是传播没有太直接的影响，因为收取的会费并非为会员提供更为优质的内容，而是在内容产品之外，提供媒体服务。但实际上，会员所参加的活动是《罗辑思维》这档自媒体节目重要的组成部分，是粉丝与《罗辑思维》进行一系列互动的前提条件。在内容上，节目会寻求会员们的帮助，集思广益，在一定程度上，这种节目互动更加深入。这种模式类似星巴克的差异化竞争，白领们宁愿放弃办公室的免费咖啡，而选择花钱喝星巴克。其实星巴克在卖咖啡的同时也在贩售它所提供的安逸舒适的环境，这种"内容+服务"的模式也运用到了《罗辑思维》的商业模式中。

罗振宇深谙互联网思维，注重用户体验，将社群用户的线上互动与线下互动紧密结合。例如，《罗辑思维》动员粉丝比赛创作罗振宇漫画，并在粉丝内部举行投票，选出最受欢迎的漫画作品。社群之外还衍生出子社群，如"罗辑思维上海朋友圈""罗辑思维深圳朋友圈"等。其实这些子社群和活动本身没有特别明确的联系，而是突发奇想将人聚在一起，希望更多的人产生更多的想法。会员们充分进行线上沟通与交流，提高对社群价值的认同感。

会员还能参与《罗辑思维》节目所提供的线下服务。围绕着《罗辑思维》网络脱口秀节目在会员群体中所建立的一个虚拟社区，在为广大受众提供优质节目内容的同时，也利用网络自媒体的互动性、个人性与大众化的特征，开展各种各样的线上线下活动。从而为广大会员提供更加多样化、更具个性和更有价值的服务，丰富其从会员组织中所获得的"会员利益"，增强其对《罗辑思维》节目的认可度与忠诚度等。

《罗辑思维》的会员线下活动包括"馈赠图书""相亲交友""吃霸王餐""找工作""内部的众筹"等。这些活动看起来和脱口秀节目本身没有直接联系，但节目的线下活动也是整个《罗辑思维》节目的精髓所在。线下活动的内容选择总是别出心裁、出人意料。主持人作为活动的组织者，将陌生的受众群体拉到自己身边，让大家在参与活动的同时，进行思维上的交流，希望更多的人产生更多想法，为的是使思想更加活跃、使节目更加优秀,同时更加认同《罗辑思维》的品牌。通过购买内容增值服务,粉丝是脱离了数字化的面孔,有血有肉地用具体的人民币数额与传播者之间发生了联系,粉丝和创造者之间是互动互利、欣赏认可、感性连接的。

《罗辑思维》的会员招募模式,是对自媒体脱口秀节目商业模式的积极探索,也是社会资本需求的体现。现在人们加入网络社群不再满足于找到归属感,利用网络社区的交往获得社会资本,也成为新需求,而社会资本的获得是基于社会交往、社会分享、社会参与产生的。作为一个社群平台,《罗辑思维》敏锐地捕捉到这一点,迄今为止,《罗辑思维》拥有的上万名会员,彼此已经成为重要的社会资本。

另外,通过建立会员关系,普通粉丝与《罗辑思维》的弱关系转变成强关系,具有黏性的用户群众更容易发起活动。会员之间形成的关系链促进社群的凝聚力和信任感,同时也有助于吸引高知识、高收入群体。再通过线下活动聚集建立起稳定的高质量粉丝群体,从而为品牌带去无形的力量,形成良性循环。

3. 多渠道传播

《罗辑思维》的视频节目由优酷网、土豆网等网络终端发布,音频则通过微信在手机终端发布,《罗辑思维》还会定期在自己的新浪微博以及百度贴吧推出自己的视频。除此之外,视频节目的播出也不仅仅是停留在几个视频网站上,而是进行了多渠道、多方式的整合传播:用户可以关注《罗辑思维》的公众号,通过微信平台的网址链接观看节目;受众也可以通过微博等社交软件,微信、QQ 等即时通信软件,把视频节目分享给好友,实现节目音、视频的发布和传播。传受双方还可以通过不同平台的整合,实现信息的及时传播,如《罗辑思维》的视频节目就可以通过微信公众平台的链接随时随地地观看。由此以来,节目视频、音频的发布和传播,以及传播者和受众之间的互动,都可以通过各个平台间的信息传输得以实现。不同媒介产品可以通过彼此的平台即时传播,形成全方位、立体化的同步互动传播圈,这有助于社群品牌的形成。跨平台用户存在一种基于虚拟社区的弱关系,这不仅有利于节目信息的传递,还推动着节目品牌的建设。

4.“团要”的广告模式

“团要”的广告模式也是《罗辑思维》广告收益的一个创新模式。利用《罗辑思维》节目本身的影响力,借助社群品牌平台,《罗辑思维》创新性地采用"团要"的形式与企业合作,增加广告收入。具体形式如下:商家将产品以赞助的形式,给《罗辑思维》的会员提供免费享用机会;再通过会员,将产品体验等信息通过朋友圈等平台进行口碑传播。这种做法在一定程度上既给会员带来了福利,从而增强了社群本身的凝聚力;同时,又替商家制造了良好广告效应和口碑效应;与此同时,还为《罗辑思维》带来了广告收益,可以说达到了多方共赢的效果。比如,《罗辑思维》向乐视"团要"的 10 台大电视、20 台电视盒子,向黄太吉"团要"的 10 万份煎饼,都是"团要"形式的成功案例。又如在 2015 年情人节期间,《罗辑思维》与海信合作,又进行了一次"团要"。海信承诺为《罗辑思维》和海信的双重会员新人送嫁妆,一个月后就有十对新人喜结连理,嫁妆也如期发放。在跟《罗辑思维》的合作中,海信成功地宣传自己的产品,《罗辑思维》的会员也真正得到了福利。此外,乐蜂网这样的电商以及票务、服装定做、体检等服务商都愿意为《罗辑思维》的粉丝提供福利。这些商家不但刻意获得在《罗辑思维》的视频节目和微信语音中的宣传机会,收到福利的粉丝们也都会在自己的社交媒体晒出福利照片,这样的宣传效果远比传统媒体好。因此,自媒体时代网络脱口秀节目的盈利模式较传统电视脱口秀节目显得更加多元化,具有灵活性和创新性。

5. 开发节目副产品

《罗辑思维》构建了"全媒体、多平台"的传播体系,除了形成"网络视频+微博+微信"的主流传播平台、拓展网台互动反输电视平台外,还发展了其他周边产品进行辅助性的传播。

(1)出版同名图书

《罗辑思维》的网络视频走红之后,根据其节目内容整理编写的图书也成为粉丝追捧的宠儿。推出了同名图书《罗辑思维:有种·有料·有趣》和《罗辑思维:成大事者不纠结》。书中对视频节目进行整合梳理,罗列独到的观点,还从网络上截取不同的观点加以呈现,体现其包容性。其成书在三天内预售超过 3 000 本,位居各大图书网站排行榜前列,30 天内再版了五次,一度成为媒体的焦点。

(2)助力其他图书销售

《罗辑思维》除了自己出版书籍以外,还推出了一系列的书籍包,也就是将不同类型的书籍集合在一起进行发售,如 2014 年价值 499 元一箱的书籍包《未来站在你身后》,内容涉及《精子战争》《趣味生活简史》《中国国民性演变历程》《心外传奇》《黑客与画家》《神似祖先》与《乡土乡亲》等。8 000套书籍包在短短的17个小时内销售一空,由此获得了近400万元的收入。这不仅成为《罗辑思维》节目重要的盈利渠道之一,而且也由此开启了一种新的书籍营销模式,对当前书籍推广活动具有重要的借鉴价值。其实在这个营销过程中,罗振宇采用垂直销售的渠道,在解决了受众需求的同时,运用读书和分享思想作为黏合剂,让社群具有强烈的知识社群特性,这个社群和图书本身有着天然的亲近感。《罗辑思维》这个社群定位如此精准,其选择的图书都可在社群中发挥影响力,最大限度地扬动社群能量;而具有社群黏度的用户促使其推荐的图书扩大影响,产生规模的销售效应。

【实训】

一、训练目标

选择收看几期《罗辑思维》,了解节目在微信和微博上的内容,分析幕后团队是如何打造具有超高黏合性的网友社群。

二、训练方案和要求

在收看节目过程中,请思考这两个问题:节目线上互动与线下互动如何相呼应;节目从选题、解读、风格塑造等方面如何契合社群需求。

三、训练提示

请注意分析节目在不同的营销过程中是如何一步步紧紧抓住观众的注意力的。

第二节　解析《奇葩说》

一、《奇葩说》节目简介

开播时间:2014 年 11 月 29 日。

播出平台:爱奇艺视频网站。

播出时间:每周五、周六 20:00。

主要节目内容:《奇葩说》是爱奇艺网站推出的、由马东工作室制作的说话达人秀节目,其宗旨是寻找华人华语世界中,观点独特、口才出众的"最会说话的人"。《奇葩说》节目的主持团队由高晓松、蔡康永和马东组成,这三位鬼马才子组成的主持队伍,以"奇葩主席""奇葩议员"和"奇葩委员"自称,还以"马晓康"的名义进行节目互动。这三个睿智的"老男人"在自嘲和互嘲中,将自己的人生经验娓娓道来,从社会层面引导年轻人树立正确的价值观念。节目的前四期进行了海选,共挑选出 18 名选手进入之后的"18 进 12""12 进 8""八强争霸""刺客团踢馆赛"以及决赛的竞争。在比赛中,由高晓松和蔡康永各带领一群能言善辩的"80 后""90 后",每期邀请一位女神嘉宾对一个社会热点话题进行辩论,最后由现场 100 名观众投票支持哪一方的观点来决出胜负。

二、节目产生的背景分析

1. 媒体环境的影响

由于受到影视版权费接连飙升、视频行业同质化严重等诸多因素影响,各大视频网站自 2011 年起,逐步加大自制内容比重,希望以此实现差异化竞争,其资源供应上的思路从起初的 UGC(用户生产内容)转变为版权购买与内容自制并重。自制作品一方面丰富了资源库,可减少用于购买版权的资金投入;另一方面,有助于提升网站的品牌知名度。拥有自己的核心自制产品还能增加用户的黏性,为网站培育较为稳定的用户群。包括爱奇艺、优酷土豆、搜狐视频在内的知名网站纷纷加大对自制节目的资金投入与支持力度,从这些自制节目的市场反馈来看,都取得了不错的反响。

2.社会文化发展的影响

多年的改革开放,使得社会变得更加开放和包容,人们的价值取向也日益多元。在这样的社会背景下,网络可以更好地满足人们的多元化价值观诉求,它是人们获取信息,表达观点的主要渠道,也是人们重要的生活和精神空间。

人们价值观的多样化选择使得文化需求也呈现出多元化发展的趋势。人们并不满足于接受单一文化的熏陶,而要将自己的价值观以及多元化文化需求展现出来。他们甚至通过大众参与恶搞的形式来对主流文化进行解构,呈现一种文化泛娱乐化的大众狂欢态势。

3.谈话节目的发展遇到瓶颈

（1）同质化现象严重

很多谈话类节目只是采用互相克隆的形式,而生产不出独特的话语。常常是同一个人或同一件事,这个台刚播完另一个台又播,嘉宾说的话都一样,难免让观众反感。

（2）谈话节目过于平淡

对于一些实质性的问题,节目不能直面应对,只能采取一种回避的态度。由于害怕出现矛盾和争议,只能避重就轻地谈一些花边八卦,失去了做这个节目的最初目的。

（3）谈话节目缺乏个性

节目形式过于老套且没有新意,没有自身独特的节目风格。内容往往互相抄袭,观众换来换去,内容没有变化。

（4）谈话节目缺乏真实性

没有达到真正意义上的交流与沟通,而只是显出作秀之态。

鉴于以上的问题,谈话节目急需在内容、形式上作出创新来满足受众更加多元化的审美。《奇葩说》在这样的背景下应运而生,故而能受到广泛的关注和热议。

三、节目的定位

1. 明确受众定位

通过分析受众的心理特征，了解网络受众的心理特征和内心诉求，有利于节目的策划和经营，也有利于网络脱口秀节目更好地进行分众传播。

马东作为爱奇艺的首席内容官，曾明确表示："爱奇艺的原创内容用户对象，精准定位为'90后'到'95后'为主，兼顾'85后'和'00后'。与传统综艺节目网罗大众的策略不同，缩小受众的范围，制作出与上述用户群心灵共振的影视内容，是爱奇艺原创团队的目标。"在此基础上，《奇葩说》将用户定位进一步极端化，节目开始之初便提出"40岁以上人群请在'90后'陪同下观看"的口号，如此刺耳却又明确地将受众定位锁在"90后"身上。此举看似缩小了受众群体，其实却紧紧锁牢了部分群体，而"90后"群体是新媒体时代下受众群体中最活跃的那部分人群。此后，节目不论话题选择还是赛制设置，都围绕"90后"的喜好开展，以其充满个性、内容鲜活、娱乐性强等多重属性俘获大批黏性极高的忠实观众。

2. 受众细化定位

节目组有必要根据自身条件，对应主持人风格、所处的区域、针对的受众群体，从节目的内容、环节设计以及包装上打造与其匹配的栏目，形成一档主线明确，具有品牌化、风格化的栏目。

《奇葩说》的目标受众是崇尚个性与自我的"90后"。结合这一特点，节目组在选择选手时特别看重选手的个性。基于节目内容和风格的类型，一方面，挖掘符合节目所需的人才，形成比较完备的节目自有的选手库，由他们负责制造节目的主线内容；另一方面，找来有话题性或者有较高关注度的"奇葩"，他们则负责制造节目的亮点，吸引受众眼球。节目的另一看点是亮眼的创意节目包装，不仅将互联网元素融入节目，更是通过字幕包装、动画设计、画面剪辑、即兴弹幕等手段，试图将节目以个性化、年轻化的方式体现出来。反复呈现节目亮点，提升节目戏剧性，用包装不断强化和烘托节目看点，不断制造话题风暴，争取一直"霸占"娱乐头条。

四、话题分析

好的话题往往是一个节目成功的保证。电视语言类节目话题的好与坏，在很大程度上决定了观众是否愿意收看这个节目。辩论类谈话节目以谈话体语言为传播手段，以辩论性为节目特色，引导受众思索社会现象和人生百态，争论性、对抗性的话题以及风格鲜明的各抒己见是这类节目的本色所在。《奇葩说》在这一点上做得非常到位。它紧紧抓住社会热点，切合社会心理，贴近年轻人生活，在提出具有争议性的话题上，呈现冲突交锋的辩论过程。一方面，调动嘉宾的辩论热情；另一方面，又启发了广大受众的思考。

1.话题热点性

《奇葩说》将节目重点放在网友们关注的社会、文化等各方面的热点话题上。节目组有着受众广泛的合作媒体：知乎、微博、百度等，通过百度知道、知乎、新浪微问数据后台、百度论坛等网站，选取网友关注最多的问题来进行调查投票，投票结果会成为节目参考的依据。这些合作媒体也会定期给节目组提供几百个网友热议的话题，尤其是论坛里热烈讨论的话题、搜索引擎排行榜靠前的话题。然后，由节目组进行分析和筛选，选出几道题放到网上，再让网民进行投票。网友参与最多的题目，就能进入节目选题。这种通过民意征集话题的方式保证了话题本身就有较高的关注度。从节目成片看，其中多数是围绕着青春、梦想、爱、找工作、催婚、潜规则等社会热点展开讨论。

2.话题的争议性

话题的争议性是指节目话题进展有抗辩、有挑衅，即每个话题背后都具有多元的价值判断标准。"争议性"的话题确实构成了节目的独特性和可看性，这一点首先从《奇葩说》话题的措辞形式就可以看出，大多数节目都是采用"是不是""是，还是""可不可以""该不该""哪一个……"等问句形式。这类带有明显的选择性或疑问性质的词语，使节目在开始之前就在标题上形成了巨大的"冲突"，吸引了受众眼球，刺激他们进一步收看节目。这类句式的话题具有鲜明的抗辩性、争议性，简明而且杜绝了中立的可能。现场的嘉宾基本分为观点截然相反的两个群体——正方、反方，PK 的架势由此拉开。因为话题具有充足的讨论空间，正反两方没有绝对的对错之分，所以，只有两方均有道理可讲，才不会出现一方失语的情况，辩论才能够进行下去，形成一次次观点的交锋，从而能够让节目冲突不断、精彩不断。

这类争议性的话题之所以受到追捧，从社会大环境来看，是因为整个社会文化处于前所未有的转型之中，从过去的单一文化格局向多元文化转型，多元文化下必定产生多元价值取向。在这样的大背景之下，社会生活各个方面的新生事物不断涌现出来，不同文化和价值取向对同一新生事物的看法各有不同，各方争论由此不断产生。从这一点出发，对"争议性"话题的讨论是对社会转型这一大背景的正视。对这些具有争议性话题的讨论实际上也代表了持有不同观点的受众的心声，让他们看到借由节目来表达观点的可能性，从而可以吸引更多的受众收看节目。

3. 以软性话题为主

软性话题是指那些与普通大众生活更加密切相关的问题，也就是说，所选择的话题要关注发生在受众身边，与其自身利益密切相关的人和事，这就能够有效地唤起社会公众参与讨论的热情。此外，考虑到受众年轻化的定位，在软性话题上多以年轻人关注的为首选，如曾经讨论过"结婚在不在乎门当户对""伴侣找恋爱经验多的还是少的""和异性一起吃饭该不该 AA 制"等。

4. 话题的开放性

《奇葩说》话题范围不定项、无框限，没有明显的限制。从已经播出的几季节目来看，有一些涉及了道德、隐私的问题，在过去的语言类节目中一般不会提及，而在《奇葩说》中已经是习以为常，可以说节目是最大限度地保持了话题内容的开放性。另外，尊重观点的差异性和包容性，每一场辩论都包含着观点与思想的碰撞、情感与理性的较量。这样的讨论不仅切实抓住了观众的兴奋点，更激发了讨论的冲突性。

除了内容上的开放性，节目还保证了话题讨论的自由性与开放性。在节目的争辩过程中，团长不会干预嘉宾发言，双方辩队直接对话，各自提出支持或反对的理由。在此过程中，受众看不到被人为操作的痕迹，所有嘉宾的情绪都是第一时间的、直接的、未加掩饰的本能反应，非常真实。这也使得整个辩论的过程不再是一场客观、冷冰冰的语言与观点的碰撞，而是有了更多的人情味。

五、嘉宾(辩手)分析

1.身份的多元化

传统的关于社会性话题的语言节目,基本上以业界的专家或者权威为主角,以期为观众提供正统的价值认知和权威的价值导向。这样一种节目模式随着社会言论的放开、信息的流通以及受众对多元价值的追求,已经远远落后于时代的发展。受众急需一种更加开放、包容的话语空间,来发出自己不同的声音。

因而,语言类的节目如果能跳出所谓的精英框架,邀请更多具有不同身份、背景的嘉宾上节目表达观点,应该会得到更多的认可。《奇葩说》就在嘉宾的挑选上作出大胆的尝试。他们挑选具有不同身份、背景又各具特色的嘉宾作为辩手,其实也是大众文化的代表。例如,现在已经是当红辩手的马薇薇,不是任何业界权威。作为普通的公司白领,她却凭借伶俐的口齿、出色的辩才、犀利的回击、鬼马的语言一路过关斩将,获封"奇葩之王"的称号;另一位知名的辩手范湉湉,演员、主持人出身,在节目中以其犀利的语言、夸张的服装造型给人以深刻印象;还有魔术师魏铭,老师艾力、金宇轩,艺人肖骁,学生刘思达、颜如晶等。他们完全不同的职业、社会背景,甚至是国籍决定了其看待问题的不同视角,也使得在话题讨论中其观点更加多元化。这些年轻人站在各自的辩台上唇枪舌剑,淋漓尽致地表达着他们的观点与情感。他们的观点有的背离传统、有的剑走偏锋,真正实践了多元化观点的碰撞,颠覆了过去由精英权威统治的话语权。

因此,这样的嘉宾设置让他们能自由地阐述自己的观点并展开辩论,试图在交谈与辩论中证明自己所代表的观点的合理性与正确性。从节目效果上看,是传达了一种个性化的观点;实际上,是由个人提出的不同于主流观点的思考结果,瓦解了精英文化所谓的权威性和不容挑战性,将之置于与大众文化平等的地位,增添了大众文化代表站出来说话的信心。

2.角色的标签化

当然,本节目得以火爆,最核心的因素还是全国海选上来的、个性鲜明、巧舌如簧的奇葩选手们，尤其着重塑造标签化的选手。从第一期的海选就可以看出，每位选手都由制作导演进行了个性特征分析，并在选手入场之前用题板的方式进行展示，为节目中"奇葩"的定位进行了预热。在节目中，这些辩手们各个个性鲜明、巧舌如簧。例如，妖精型的蛇精男肖骁、理性犀利型的金句女魔头马薇薇、正派理想型艾力、感性泼辣的女汉子范湉湉已经成了他们的代名词。他们的一些经典语录也爆红网络，比如"想看繁衍去看动物世界啊""我都娘成这样了，都不愿 AA 制""都说女人是男人身上的一根肋骨，你却要和你的肋骨讲隐私""没有霹雳手段，怎有菩萨心肠"等。这些标签化的印记更有益于迅速地在观众心目中树立形象，吸引不同的受众群体。如此一来，在增加节目趣味性的同时也扩大了受众群体，让人们记住这些"奇葩"——个性化选手的表现，好奇于他们下一次特立独行的表现。可以说，节目组通过对选手的个性化打造、标签化管理，组成了极具特色的选手队伍，成为节目成功吸睛的保障。

这些角色定位鲜明的选手加上尖锐犀利的不同话题，能产生不同的化学反应。通过这种独特的娱乐形式来传递价值观点，使得充满感性张力和理性思维的贫嘴和斗智也成为节目的另一大亮点。

节目把在场选手按其风格特色划分为理性派和感性派。前者有丰富的辩论经验，在场上负责找对方的漏洞然后见招拆招，表现比较稳定，但娱乐性不够；后者说话有相当强的煽动性，虽然在逻辑上有所欠缺，容易被对方抓住漏洞，但并不易被受众发现，能够起到拉票的作用。使用这样的两类选手，既保证了节目的娱乐性，也保证了节目的深度和严肃性，不易产生过度娱乐化的现象。

六、"冲突"的节目形式

矛盾冲突元素可以说是戏剧的基本元素，甚至可以说"没有冲突就没有戏剧"。因为有了冲突元素，戏剧才有了精彩的看点。《奇葩说》就是将冲突的元素作为节目的主要表现形式，开创了一种新的节目风格。

节目率先打破了在传统语言类节目中所有嘉宾就话题侃侃而谈的和谐形式，而采用了比较极端的辩论方式。节目所选话题也多是一些社会上出现的新问题、新矛盾，而人们面对新问题的反应本身就是众说纷纭、各执一词。因此在节目中，双方嘉宾观点完全对立，为了捍卫自己的观点，咆哮、呐喊，有时甚至火爆到因情绪过于激动而场面失控。然而,节目中的辩论并不是毫无意义的抬杠或吹毛求疵,绝不只是为了制造刻意的冲突来引起受众的关注。各种不同的见解和理念,在言语的交锋中迸发出思想的火花,实际上是对现代社会出现的新问题、新矛盾、新现象的一种有益探索,使受众能够从更多的维度来看待社会现实,能够通过节目中各方观点的展现来引发广大受众新的思考。

七、主持人分析

马东、高晓松、蔡康永,在节目中将自己调侃为"马晓康"。马东曾就职于中央电视台,成功主持过《挑战主持人》《汉字英雄》等节目。在《奇葩说》中,他是核心主持人,其风格明显没有受央视影响,幽默睿智,有股四两拨千斤的巧劲,就是在这一阴一阳、一软一硬之中完美糅合,充当着"润滑剂";但同时又拥有"三位一体"的催化力量。高晓松是知名音乐人、制作人、主持人,有自己的脱口秀节目《晓松奇谈》,是一位有个性、有思想的文化名人。他擅长运用逻辑与例子,从险要处攻敌,出其不意,他的精准犀利经常能够让辩论产生不一样的火花。蔡康永是台湾地区著名的综艺节目主持人,他和徐熙娣搭档主持的《康熙来了》在内地也很受欢迎。他总是循循善诱,毫无架子地推心置腹,擅长用谦逊态度包装犀利问题,兼具专业性与娱乐精神,把高晓松的价值观内核变成最简单朴素的市井语言说出来。

"马晓康"三位说话界的鬼马才子组成的导师队伍,是节目的一大亮点,注定闪耀着明星般的光辉。他们的组合刚柔并济,三位风格迥异的主持人为节目注入了多层次的文化元素,使节目能够自始至终以包容的态度来聆听年轻人的热血心声。

节目对主持人的定位也颇具新意。在《奇葩说》中,"马晓康"的组合并不是普通意义上的主持人,节目对他们作为主持人的身份界定是比较模糊的。在节目中,马东是以"奇葩主席"领导的身份负责广告的播报和节目时间的控制,而蔡康永和高晓松则是作为"奇葩议员"和"奇葩委员"负责正反两团的团长职位,带领两个团体进行观点上的辩论。

节目所进行的另外一个创新就是设置"女神"的角色,增加了话语结构的多元化。"女神"角色以女性主义的视角来看待社会问题,纵观各期的女神,杨澜、大 S、小 S、吴莫愁等人，皆是各个领域的佼佼者，她们的共同特点是独立能干、有独立思考的能力。当然，节目邀请的这些"女神"在一定程度上也是一种颠覆，如以搞笑著称的谢依霖、贾玲、阿雅，甚至是男扮女装的陈汉典都充分展现了这个节目的"奇葩"特质。这些"女神们"以女性视角来看待问题，感性较理性占上风，就与"马晓康"组合形成了感性与理性的交锋；有时，"女神们"也会打破常规不按常理出牌，为节目增添许多新鲜感和乐趣，使得节目更加精彩。

八、与观众的互动分析

1. 节目制作前期就开始互动

首先，节目充分挖掘其原创优势，多渠道收集受众的创意和意见。每一期节目播出前，都会提前在网络上发布话题投票，由受众选出想听、想看的话题，提前造势，受众在不知不觉中从节目的被动接受者变成了掌握一定主控权的节目"制作者"。这种前馈调查更有利于提升节目的社会性、话题性、争议性。

2. 节目播出时的即时互动

《奇葩说》节目采用了弹幕这一互联网互动新形式与观众进行实时交流。因为弹幕可以给观众一种实时互动的错觉，虽然不同弹幕的发送时间有所区别，但其只会在视频中特定的一个时间点出现。因此，在相同时刻发送的弹幕基本上也具有相同的主题，在参与评论时就会有与其他受众同时评论的错觉。受众在观看节目的同时，通过弹幕将想法发送到屏幕上，颠覆了传统媒体受众"被孤立"的状态，妙趣横生的弹幕也令受众们领略到更加多元化的趣味体验。通过弹幕实时互动的特点，《奇葩说》成功引领了全民吐槽的效应。在每期节目的弹幕世界里，受众找到了情感的宣泄点，通过弹幕开辟了节目的"第二现场"。这种流行的互动方式加大了网民对节目、选手和话题的讨论力度，成为节目热度的又一保障，不仅丰富了节目的内容，同时收获了大批粉丝的关注度。而与传统网友仅能自己评论吐槽的形式不同，爱奇艺首次专门设置了官方弹幕，邀请主持人和选手一起观看节目共同评论，并对网友提出的问题和吐槽进行回应，合理引导受众的评论方向。

九、节目的包装分析

1. 动画片头

《奇葩说》的片头借鉴《康熙来了》的风格,采用色彩丰富的动画形式。"男人不奇葩哪来么么哒,女人不奇葩活该母夜叉"的宣传语给节目定下奇葩基调,并能够引起观众对节目异样风格的期待。

2. "奇葩"的配音

节目中经常会插入去除原配音的影视剧片段,根据节目表达的需要重新剪辑、配音,造成搞笑效果。例如,《这就是爱》《100块钱都不给我》以及各种拟声词的后期加入,丰富了节目的表现力,渲染了节目的气氛。

3. 多元化的字幕

节目中出现了多种类型的字幕,有视频短片、动漫效果、图片、表情以及颜色绚丽的字体。一方面,它们起着解释说明的作用。例如,介绍节目规则,解释主持人和选手的心理活动,同时也渲染选手和主持人的性格与活动的氛围。另一方面,这些字幕起着强调作用。例如,选手提出辩论论点时,打出小标题样式的字幕,这些字幕起着归纳、总结的作用;在出现笑点的地方,则强化了其娱乐性和趣味性。

总体而言,这些多元化的字幕丰富了节目的整体视觉效果,使画面丰富多彩、轻松而又有活力;同时,又增强了画面表意功能。

十、节目存在的问题

1. 节目出现低俗化倾向

由于《奇葩说》的选题时常会涉及道德和隐私,而在辩论的过程当中,由于话题本身的敏感性,嘉宾说话时情绪会激动,故而口不择言;有时说出的话会不合时宜,其行为可能超出预期而无法控制。长此以往,必将对节目造成不好的影响。因此,在挑选选题的时候,应尽量避免其低俗化,以免沦为别有用心人士"炒作"的工具。

2. 辩论存在极端化倾向

辩手们为了驳回别人对自己观点的辩驳,参辩者不得不从别人的角度和视野重新思考。参与者在这种氛围中往往能思考出一些新的东西,创造出一个又一个新的兴奋点。但是,辩论的过程也时常出现极端化和情绪化的表现,论辩各方没有共识地各说各话,论证方式不断重复、观点单一,甚至出现脱离议题发言、妖魔化对方(如进行人身攻击)等情况。在这样的辩论中,大家看到的只是情绪化的表达,甚至是对对方的轻蔑,可能就沦为为赚取收视率而哗众取宠的行为,背离了节目最初的用意。

【实训】

一、训练目标

学生选择三个适合在《奇葩说》辩论的选题,并分析这些选题值得辩论的几个角度。

二、训练方案和要求

通过阅读新闻或者查看百度贴吧,了解近期哪些话题是网友所关注的并分析网友的观点,看看网友都从哪些角度进行思考,可否有更多其他切入点。

三、训练提示

尽量选择可辩性较强的问题,这样不会在几番讨论过后出现意见一边倒的情况,以免辩论难以持续。

第三节 《波士堂》解析

一、《波士堂》节目简介

开播时间:2006 年 6 月 8 日。

播出平台：第一财经频道。

播出时间：每周六21:00。

主要节目内容：节目每期约请一位企业界重量级的商界精英作为嘉宾进行访谈；同时，首创国内电视谈话节目观察员制，邀请来自企业界、文化界或演艺界的知名人士组成观察员团，帮助主持人弥补专业知识的不足。这样，主持人、观察员、嘉宾构成立体的话语互动体系，从不同角度展现企业家的个人性情、商业传奇和精彩人生。受众看到的不是一个个乏味的商业机器，而是一个个真实生动、有血有肉的企业家形象。该谈话节目打破以往电视财经节目在人们心中的刻板印象，充分运用轻松、睿智、人性化、平民化的电视表达手段还原人物本色，深入挖掘商界精英的个性魅力、商业智慧和人生哲学。节目既轻松幽默，又不乏思考张力，是一档充满娱乐精神的高端人物脱口秀节目。节目首次在国内尝试谈话节目录像直播模式，即在录制过程中进行网络全程直播，在吸引传统电视受众的同时网罗热衷于互动的广大网民。

二、节目出现的背景

1.谈话节目兴盛之后遭遇瓶颈

我国电视谈话节目在经历了曾经的辉煌之后，遇到了发展的瓶颈。谈话节目逃不出生存三五年的宿命，上演了速生速灭的悲剧。

（1）急功近利盲目模仿

许多电视台简单地认为，谈话节目是电视台节目中最为经济的节目形式，一个演播室、几把椅子，邀请几位嘉宾和一群观众，就可以做成一档谈话节目。加上我国受众对谈话节目的追捧，一些电视台纷纷效仿《鲁豫有约》《锵锵三人行》等著名的谈话节目进行设计，造成了同质化现象，节目形式、话题、嘉宾都大同小异。

（2）节目质量堪忧

有一些节目制作方为了获取观众的猎奇感、制造现场的冲突感，在节目录制前对谈话进行排练，在节目过程中安排"话托儿"。这些"话托儿"举手站起来说的都是节目组为他们事先准备好的话，或者请节目组的工作人员扮演当事人愚弄观众。例如，石家庄电视台影视频道的一档情感类谈话栏目《情感密码》在一期"我给儿子当孙子"节目中,雇人表演了一个"不孝"儿子对父亲出言不逊、百般欺辱的故事。节目肆意渲染家庭矛盾,刻意放大扭曲伦理道德观,误导了广大受众,造成了严重不良影响,损害了广播电视媒体的社会形象。当时的国家新闻出版广电总局因此对石家庄广播电视台影视频道给予暂停播出30天的严肃处理;责成河北省广电局对该频道的整改情况进行监督检查和核查验收,验收工作结束后,向总局提出书面报告,经总局审核同意后,方可恢复该频道播出;责成河北省广电局依法吊销河北九天传媒有限公司的《广播电视节目制作经营许可证》,此后三年内,不得许可该公司及现在的法定代表人从事广播电视节目制作经营业务。

2. 经济成为社会热点

我国40年的改革开放给社会生活的主流价值观带来了巨大的变化,人们的注意力都逐步聚焦到"经济发展"上。大到国家的经济发展趋势,小到个人生活水平的提高,从高层到百姓,都将目光锁在"财富"上。各种名目的财富排行榜、备受瞩目的经济论坛、人头攒动的地产促销、热闹非凡的车展等,无一不是现代社会经济生活的注解。在这样的经济背景下,商人作为一个群体,在社会上的地位和人们心目中的形象得到了大幅度提升。因此,财经节目日渐走俏。作为媒体,只有始终抓住社会焦点,才能引起观众的共鸣、获得认可。因此,财经类的节目是当下很有看点的电视节目资源。

3. 社会语境的影响

(1)社会大环境

处在转型期的中国存在着诸多社会问题,而这些问题的解决需要有足够的时间和耐心。于是,人们在承受社会压力的同时,迫切需要找到一个释放的空间和宣泄的途径。电视承载着人们对精神娱乐的需求,它能够利用技术优势给人们营造一个虚拟的没有压力的社会空间,让观众在收看电视的同时获得快乐。因此,电视打造快乐,既是电视媒体适应大众娱乐需求的内在结果,也是电视媒体发挥娱乐功能的外在表现。

(2)文化方面

在社会文化语境日趋多元化的同时,整个社会的中心价值观也不再具有支配性。从理想到世俗、从精神到物质、从集体到自我,人们的价值观念变得多元而复杂。这当中,以自我为中心的价值观在市场化的环境中日益凸显。因此,电视节目开始以张扬个性为卖点,以轻松的形式传达节目内容,以平等的姿态表达节目主旨,以开放的空间接纳多元思想的碰撞。

三、节目的定位

节目名字《波士堂》(*Boss Town*)可以有两种解释,一种是"老板"的聚集地(集镇),另一种是"老板"过堂接受观察员的"审讯"。第一财经频道将节目定义为"国内第一档充满娱乐精神的高端人物脱口秀节目"。节目的创始人杨晖也一直强调《波士堂》是脱口秀而非谈话节目。在她看来,谈话是在既定框架下的对话,而脱口秀,强调即兴的脱口而出,强调真实的说话。

节目的宣传口号"商道即人道,财经也轻松"则完整地概括了《波士堂》的内容定位。传统的财经类节目,商界人物一直被塑造成正襟危坐、坐而论道、高不可攀的严肃形象。《波士堂》则颠覆了财经节目的传统表达方式,来了一次从里到外的革命,内容上充满了人文色彩和娱乐精神,代表受众站在平凡人的角度看精英,将轻松、睿智、人性化、平民化的电视表达手段充分融入节目。这种把财经非专业化、娱乐化的操作方式,不仅让大部分受众从中了解财经、学习财经,从中得到一些乐趣,而且从"商道"中解读出"人道",这才是这个节目的本意。

节目所要展现的是不同企业家的个人性情、商业传奇和精彩人生,让受众看到的是一个个真实生动、充满个性的企业家形象。节目把宏大的社会主题揉入一个个实实在在的个体,他们都很成功,却有着不一样的成功之路和个人魅力,具有不可复制性。节目希望通过对他们个性的展示和对这个世界的价值判断,带给观众一些启示和思考。

四、节目要素分析

1. 平等交流环境的营造

在大多数受众的心目中都有一个对"老板"这一特殊群体的刻板成见,即严厉、苛刻、精明等。那么,如何打破观众的刻板成见呢?人与人之间实现交流的可能性,是建立在双方平等的基础上的。因此,在这样一个节目当中,只有让老板们放下自己的老板身份,才能实现和观众的平等,才会打破观众业已形成的刻板印象。因此,《波士堂》的编创人员在"人"这一重要元素的设计上费了不少心思。为了打造一种休闲状态下的老板形象,参加《波士堂》的老板们不能穿西装、打领带,只能穿休闲的服装。节目虽将聚光灯照在企业家身上,但没有盲目崇拜,也没有不怀好意的挖掘,而是给他们一个说话的空间,将他们从神或魔的角色还原为一个真实、普通的人。

主持人和观察员摒弃了顶礼膜拜的崇拜心理,以平实的心态将对方商业战场的盔甲卸下,探寻嘉宾的童年、家庭、生活和工作,立体勾画企业家作为儿女、父母、夫妻、老板、朋友等多面形象。通过外景拍摄、朋友讲述、现场对话、观察员发问等方式多维度地展现一个真实、立体、丰满的企业家形象。

2. 话题选择

《波士堂》是具有高端精神的财经节目,同时也是具有娱乐性质的访谈节目,两者的结合使它会避开敏感尖锐的选题,选择受众关心以及嘉宾愿意谈论的具有目标性的话题。因此,节目一方面需要满足有关财经的专业诉求,即通过观察团、嘉宾和主持人之间的对话,让观众了解嘉宾对近期经济事件、经济热点的分析,可以让受众辩证地看待经济问题,也收获相关的知识信息。如果说专业诉求把节目带至精英化,那么另一方面就要回归大众,满足受众的情感诉求,比如老板们创业的历程、学习的经历、生活的点滴等。老板们的故事能够唤起大家共同的情感记忆,让受众分享老板创业的快乐和悲伤,把企业家们变得生动、形象、具体,全面展示了老板的魅力。

3. 节目的架构

《波士堂》从整体上看由五个环节组成,这五个环节以一种松弛有度的方式组合起来,从而打造了一档流畅而独具魅力的优秀节目。

(1)嘉宾出场前的提问环节

第一个环节是在嘉宾出场之前。三位观察员在观看了介绍嘉宾的视频后,主持人会一次性地询问三位嘉宾的发问角度,让他们提出自己比较好奇的问题,从而制造一种特殊的现场气氛:主持人、观察员好像共同设好了圈套,等着嘉宾"过堂"审讯,从而让受众形成收视期待,带着解开疑惑的心理去观看节目。这样一开场就吊足了观众的好奇心,急待解开老板们的神秘面纱,嘉宾还未现身现场就已经掀起一个小高潮。

（2）以生活为主题的聊天环节

嘉宾入场，第二个环节便开始了。在前一个环节的基础上，观察员和主持人开始对嘉宾主要的个人经历、私人生活、情感婚姻等进行提问、访谈，但几乎不涉及专业领域。其实这也正是节目制作方的用心之处，财经毕竟是一个复杂的专业话题，从侧面切入最大的好处是可以先活跃现场的气氛，嘉宾能够较好地融入节目，尽情地释放自己。

这个环节的气氛十分轻松，但在轻松的交流之中往往能够折射出这些老板的人生态度和处世之道。其中也蕴含着某些成功的诀窍，为下面探讨专业领域做铺垫。

（3）Boss 秀环节

这一环节是由嘉宾展示个人特长和爱好，表现的是老板们个人化的一面。平时正襟危坐的老板们在台上唱歌、跳舞、朗诵，教观察员们下棋、修表，可谓十八般武艺，让人眼花缭乱，也让观众恍然大悟，原来大老板们也有这么娱乐的一面。例如，中国太平洋建设集团主席严介和玩起了石锁，青岛啤酒集团总裁金志国打起了山东快板，新东方的总裁俞敏洪背诵大学时期的一首诗，却因年隔久远记忆不清而三次中断，但他坚持背完整，真实地展示了他的精神和个人风格。

（4）关于商道的提问环节

在这个环节当中，三位观察员进一步深入，针对嘉宾的"商道"进行严肃的发问；与此同时，老板们的睿智与精明在这一刻锋芒毕露。例如，在一期采访万通地产董事长冯仑的节目当中，观察员就冯仑曾经说的一句话"做房奴活该"进行提问。冯仑通过一个巧妙的比喻"五岁就娶媳妇，是做不好老公的"，间接地回答了观察员的提问；然后，又通过一系列的系统分析，进一步解释了中国房地产市场的现状。这样既照顾到一般老百姓的理解，也说得专业人士心服口服。财经的精髓，即"商道"在这一环节被透彻解析，他们的传奇经历在这一环节被尽情演绎，其信息含量非常大。

（5）完美人生环节

在这个环节中，三位观察员根据很少的线索猜出老板们的偶像。这个环节既是为了缓解上一环节的紧张气氛，也是为了节目的收尾作准备。用制作人杨晖的话说:"观众发现这些成功人士并非自认为已经到达人生顶点,他们依旧心存梦想,他们也有自己欣赏和崇拜的人,他们仍在不停地奔跑。"这个环节其实也起到了励志的作用,提醒受众们认识到成功是没有止境的,即使是已经很成功的老板们还是有着理想与追求,有着奋进的目标,进而也升华了节目的内涵。

4.主持人

作为财经类节目的主持人,往往都是比较专业化的经济学者或者在该领域掌握着渊博的知识,而《波士堂》的主持人曹启泰和袁鸣却都不是金融相关专业出身。曹启泰原本在台湾地区主持综艺节目,袁鸣则是公认的"美女主持人"。制片人杨晖却认为,财经类节目的主持人"真正专业的,能够面对所有行业老板的主持人是不存在的",他在舞台上要做的就是"掌控好场上的节奏,拿捏好分寸,营造轻松的谈话场"。这一理念诠释了主持人在台上的职责,也使得曹启泰和袁鸣从"财经精英"的压力下解放出来,对履行一个主持人的真正职责是有帮助的。

在《波士堂》中,主持人主要起着建构讨论的话题结构、转接话题承上启下、控制节奏和进展的作用。在采访搜狐总裁张朝阳那一期,观察员蒋昌建现场提出比较尖锐的问题后,被曹启泰及时止住话题,回到嘉宾的生活近况上来,很好地控制了谈话主题范围和现场气氛。

另外,主持人超强的语言驾驭能力也使这档财经节目充满了欢乐。在采访光线传媒的董事长王长田的时候,观察员王冉说大家形容王长田是"闷骚"型男人,让曹启泰想一副以"闷骚"开头的对联,王长田现场书写。曹启泰只是想了一会儿,便对出"闷人尽撒英雄泪,骚客都在波士堂",从而赢得满堂喝彩。

5.观察员

《波士堂》最大的创新便是加入了观察员的角色。观察员的参与,打破了传统谈话节目中主持人和嘉宾的双向传播模式,开启了多元立体的谈话格局。《波士堂》的观察员设有三个席位,但观察员不是固定的,而是依据谈话嘉宾的性质而有所变动。

其实,这三名观察员起到了辅助主持人的作用。每期节目都会邀请来自金融界、学界的专家和一位美女嘉宾,他们有明确的角色分配。金融界嘉宾必不可少,他们的发言同时也是实现与嘉宾对话的平台;他们是意见领袖,同时又容易以权威的姿态被受众接受。学界嘉宾的把关是信息传播不可或缺的环节。因此,他们的说法和意见很大程度上代表了大众主流的意见,无论是对受众还是对企业家,都具有参考的价值。这两类嘉宾的提问往往比较犀利,他们通常摆事实、讲道理,能够给节目带来一种高度和力度。另外一类颇具特色的美女观察员,则代表了一种平民化的视角。她们会问诸如"你那么多钱花哪儿啦""你和孩子的关系怎么样"等问题,更多的是从生活的角度发问,缓和了财经节目的严肃性。

五、演播室布置

1. 色调

一般的财经节目喜欢用平稳的灰蓝色或者深蓝色做背景,给人一种平和、大气、稳重的感觉,而《波士堂》演播室的主色调却是很透的海蓝色和橙色。蓝色带给人和平、理智的感觉,橙色带给人光明的感觉。这两个颜色的结合颠覆了传统财经节目科技蓝的严肃背景,带给观众轻松、愉悦、生动、活泼的视觉感受,整个舞台被布置成了一个亲切的客厅。

2. 演播室设计

整个演播室被分成两个区域:第一个区域是位于舞台右侧的红色沙发,其形状是一个按中轴线打开的桃心形。按照制片人的想法,这寓意着老板们能够在节目中敞开心扉;沙发也没有扶手,使嘉宾能以更自由、开放的姿态面对舞台。第二区域,即观察员所在位置,和观众席是连成一体的,而这一整体又是与嘉宾席的位置面对面,营造出一种观察员代表观众提问嘉宾的态势。主持人恰好可以在这两个区域之间活动,以便于其控制场面和引导问题。

【实训】

一、训练目标

收看多期《波士堂》,从中——找出使这样一类财经类节目充满了娱乐效果的元素。

二、训练方案和要求

将编导们对节目进行娱乐化设计的部分进行分类,如哪些是对主持人的要求,哪些是现场布置部分,哪些是镜头剪辑和包装的设计部分等。

三、训练提示

完成分类以后请注意,这些不同元素是如何在节目中完美地结合在一起,最终成就了节目的娱乐化效果。

第四篇　生活服务类节目评析

【知识目标】

1. 了解生活服务类节目的背景；

2. 明确生活服务类节目的定位；

3. 学习生活服务类节目的策划方法。

【能力目标】

1. 生活服务类节目如何能接地气；

2. 如何开拓生活服务类节目的内容。

【案例导入】

收看中央电视台社会与法频道栏目《夕阳红》。

播出时间：每天下午15:48。

节目基本内容：《夕阳红》每期选取一例具有典型意义的老年人物故事或社会现象，从社会与法律等不同层面解析人物性格，帮助老年人解决问题。

思考：

1. 这档节目的内容选择是如何为节目定位服务的？

2. 这档脱口秀节目的主持人的语言风格是什么？

3. 这档脱口秀节目的选题定位是什么？

第七章　生活服务类节目概述

一、生活服务类节目的概念

1999年10月出版的《广播电视词典》对电视生活服务类节目的定义是："以实用性内容为主，直接为观众日常生活、学习、工作服务的电视节目。这类节目通过传播信息、解答问题和反映群众呼声、帮助受众解决日常生活、工作和学习中的各种实际问题，为社会提供直接、具体的服务。"节目注重使用价值，力求满足现实生活中的各种服务需求。

二、生活服务类节目发展的背景

1. 社会经济的发展

社会经济的发展使人民生活水平得到了快速提高，消费市场表现出供大于求的趋势，我国已经告别了物质匮乏的时代。人们的生活方式随着经济水平的提高有了跨越式的改变,消费方式也出现了多元化的趋势。最明显的表现就是人们追求的不再是单一的温饱,而是上升到了对物质文化的更高追求,如如何吃得更健康、更合理地规划生活等。这些恰恰就是电视生活服务类节目关注的内容;同时,也促使电视媒介为了满足人们新的需求而创作出新的节目形式和形态。随着人们消费观念、消费水平、消费内容、消费结构和消费习惯的不断升级和变化,电视人的制作理念和题材也随之发展,这正是电视生活服务类节目与时俱进的深层动因。

2. 以人为本成为主流价值观

随着以人为本价值观的深入人心,人们对自身需求的探索,是人对于"我"的权利的呼吁和探索。因此,对"人"的关注成了电视节目的特色。服务类的电视节目尤是如此,从一开始,它就以"贴近生活、贴近百姓"为节目宗旨,以"关注受众需求、提供服务"为节目理念,采用平民化视角,以受众的需求为创作的动力,节目的选题制作、内容、形式都围绕着"人的需求"来实现。

三、生活服务类节目的特性

1. 实用性的服务理念

关注百姓生活、服务大众是这一类节目的核心所在,其服务理念一定要以有用为基础。无论提供什么类别信息的节目,一定要以能够给观众指导为目的,并且具有切实可行的操作性。因此,这些节目的信息往往都具有琐碎繁杂的特点,其实这正好符合了受众的生活实际情况。例如,比较著名的每年央视财经频道都会推出的"3·15"晚会,每年都会有不同的主题。节目中诸多实实在在的案例,给了受众重要的参考意见。节目不仅行使了电视媒体的舆论监督功能,也为广大受众的生活提供了体贴入微的服务。

2. 体现了贴近大众的服务方式

生活服务类节目从内容到形式、从给每一个细节到整体布局,都充分渗透着服务意识。现在很多节目为了更好地满足受众需求,通过提供多种互动方式的方法向受众征求节目线索或者搜集他们对节目的建议,真正地关注受众的生活,希望为他们解决生活的问题,切实服务于民。有的节目甚至会邀请受众参与节目的录制,或者把录制现场直接搬到了社区、学校,真正地实现了贴近受众的服务方式。

3. 多元化的表现形式

节目的服务内容是多种多样的,其表现形式也可以根据需要灵活选择。例如,比较著名的生活服务类节目《快乐生活一点通》,就融入了情景剧、现场展示、访谈和专题片、动画等各种手段,增加了节目的可看性,在保证节目信息质量的前提下,又增加了节目的娱乐效果。其实生活服务类节目本来就反映的是生动活泼、充满乐趣的生活,也能倡导观众更加热爱生活。

4. 内容的地域性差异

地域是影响消费水平、消费方向的一个极大因素。一档生活服务类节目将以什么样的民族风俗为基础,将以什么样的生活素材为节目内容,在很大程度上取决于这档栏目所在的地理位置以及所呈现出来的地域特色。因此,一档生活服务类节目把握好当地的风俗民情也是至关重要的,而节目中所呈现出来的地域特色、民族特色,也能在一定程度上契合受众的需求和心理,提高生活服务类节目的活力和生机。

四、生活服务类节目分类及其概述

1. 旅游节目

旅游节目从早期单一的风光片已经发展成为融知识性、趣味性于一体的综合性节目。它除了为受众的休闲娱乐提供有用的旅游资讯与服务外,还能为受众带来感官上的愉悦与刺激。

2. 电视气象节目

韩建刚在《电视气象节目的创与编》中,提出电视气象节目是气象科学与电视制作技术、通信传播技术等结合的产物。它以电视这种现代信息传播媒介为载体,为人民大众提供日常生活所需的气象信息。它不仅是气象科学为人民大众服务的重要渠道,而且作为不可或缺的电视节目样态的一种,在具有丰富的科学信息内涵的同时,还具有电视新闻价值。

3. 综合信息类服务节目

这主要是指那些针对受众日常生活的衣、食、住、行等方方面面或者其中几个方面制作的节目。虽然包含的内容繁多，但多而不杂，节目通常由几个彼此有机联系的小板块构成。

4. 健康养生类节目

这类节目通常会邀请医学等方面的专家讲解各种医学常识、疾病的预防、日常的保健卫生以及纠正各种谣言。随着人们生活水平的提高，这类型的节目日益丰富，节目更多的是宣传一些健康新理念，进而倡导科学合理的生活方式和生活习惯。

5. 美食节目

民以食为天，因而美食节目一直受到受众的喜欢。节目的形式也从早期简单的烹饪教学片（一般内容和表现手法都比较简单）逐步发展成为以美食为主题，介绍美食文化、烹饪技巧和饮食消费等相关内容或以饮食为情景衍生出来的各种节目。

6. 汽车节目

随着中国有车一族数量的增加，对电视台能提供用车全方面服务的需求也越来越大；对汽车厂商来说，他们也需要有平台来展示和推销自己的产品，这无疑给汽车节目的发展注入了活力。当前汽车节目的内容主要集中在购车指南、维修养护、新车推荐、车坛动态以及与汽车文化相关的内容上。

7. 房产家居节目

随着整体社会收入水平的提高，人们对生活的要求也越来越高，对住房家居的关注以及消费需求也在不断增加，关于这类信息的节目开始出现。节目一般分为两个方面：一个是关于房地产，主要以地产信息和相关政策的介绍分析、地产界重大事件报道、楼盘推荐、购房指南等信息为主；另一个家居类节目主要以装饰装修、家具选择等内容为主。但是，这类节目在我国还尚待发展。

【实训】

一、训练目标

观看任意一档生活服务类节目,要求学生思考节目内容的选择方式及其呈现方式。

二、训练方案和要求

1. 学生分小组收看生活服务类节目。
2. 学生讨论节目中有什么样的主题内容。
3. 讨论每一块主题内容的呈现方式。
4. 分析节目的整体包装。

三、训练提示

1. 注意节目内容和表现方式的匹配。
2. 比较生活服务类节目主持人和其他节目主持人的异同。

第八章　经典生活服务类节目评析

第一节　解析《交换空间》

一、《交换空间》节目简介

开播时间:2005年。

播出平台:中央电视台财经频道(CCTV2)。

播出时间：每周六 18：30。

主要节目内容：每一期节目都会邀请两个家庭参与。他们分别将提供自己房屋中的某一房间，在两位设计师和装修团队的帮助下，互换空间进行装修。简单地说就是你给我家装、我给你家装。在每一次装修挑战中，如何用48小时、20 000元装修基金、10 000元家电基金来完成装修任务，成为节目的最大看点。

《交换空间》的节目形式是对美国家居服务真人秀节目《Merge》(《融合品位》)和日本节目《全能改造王》进行的本土化移植与改造。在倡导自主动手、提倡节俭的理念下，节目省去了演播室的环节，全部采用外景拍摄。节目用镜头真实地记录下两个家庭在各自设计师的带领下，从设计方案的制订、买材料到装修的各个环节全部亲力亲为，在48小时内完成所有的改造，不仅是对智力的考验也是对体力极限的挑战。在全程体验的过程中，家庭成员的合作分工使相互之间的沟通更加默契，也使个体与家庭观念的结合更加深入。此外，节目还会穿插装修知识、家装创意、家装常识的介绍，让观众认识到家庭装修的乐趣，将服务性、知识性、娱乐性、故事性融为一体，使节目的收视率节节攀升。

二、节目的背景

购房热带来了家装产业的红火。然而在实际的住房装修过程中，面对纷杂的产品信息，由于专业家装知识的匮乏，大多数消费者无法有效地从实际出发科学地选择产品。例如，很多消费者就对住房装修的绿色环保知识认知片面，存在严重的误区。

中国每年有几千亿元的装修市场，其中有几百亿元的过度装修浪费。目前，"轻装修、重装饰"的二次装修，尤其是自己动手（DIY）的观念流行，个性化装修理念渐渐被国人尤其是年轻人所接受。

整个社会文化的转型使得电视的传播也发生了改变，娱乐和消费开始占据传播的主流，因而电视的某些服务功能已经开始弱化，观众从电视节目中直接获取服务信息过渡到更多娱乐功能相伴，快乐传播的特性就成了自然的选择，成了实现服务性的良好载体和形式。

《交换空间》节目正是从社会热点和难点中得到了启示。在编导的过程中看准了当今买房热、装修热这个社会大背景;同时,抓住了当下的电视节目既要有娱乐的情节也需要有消费文化的元素,满足大众装修消费的心理诉求。节目极力在内容的实用性和娱乐性之间寻求最佳的平衡,既让观众体会到了装修的乐趣、推广绿色装修,又促进了人与人之间的理解和沟通,体现了媒体的一种社会责任感。

三、节目定位

1. 观众定位

《交换空间》是一档专业与休闲结合的参与体验式家装类节目,受众大都是"70 后""80 后",电视已成为他们生活的一部分。这部分人受过良好的教育,并具有一定的经济实力,有自己的品位,热衷于动手,追求时尚与新潮,更关注环保与居住质量,他们需要一类这样的栏目满足自己的需求。满足这部分受众的信息需求,就能够更好地将节目中的家装与时尚的信息传播出去。

2. 内容定位

(1)关于家装的实用信息

这包括格局设计、装修材料选择、装修技巧、家具布置等内容,为大众提供家庭装修指导。

(2)如何环保家装

在节目中,节目组一直倡导轻装修、重装饰的理念。两个家庭的成员和设计师一起亲自动手参与,重视废物的二次利用,提倡节俭、绿色、环保的方式。节目还就此特意设置了"旧物改造"环节。

(3)情感体验

节目一直以"点亮空间、制造娱乐、提升感情"为宣传语,在装修过程中穿插着家庭成员彼此间的情感交流。节目在最后还特别设计了一个类似情感告白的环节,升华了节目的情感价值。

四、叙事结构

《交换空间》节目的板块区分明确,主要分为三个板块:主持人介绍嘉宾出场、装修过程的展示、收房时刻。

在第一板块最有特色的是在嘉宾介绍中穿插着关于他们的情感故事，从而拉近了这些陌生的嘉宾和观众的距离。在这一板块的最后时刻，主持人王小骞都会放慢语速，宣布"48 小时倒计时开始"。于是，红蓝两队便开始了"交换空间"之旅。此外，电视画面立即显示小时倒计时标志，这也将整个装修过程的紧迫气氛表现得淋漓尽致，强化了节目的紧张感、节奏感以及两队之间的竞争感。

第二板块就是装修的全过程。其中，相关的装修信息、装修技巧、矛盾冲突和情感关系的变化都会逐步显现。"旧物改造环节"看似是节目组设置的一个难题，实际上增加了节目的悬念，开拓了家装的思路，倡导了一种绿色、环保的装修理念。这一板块的另一个特色是在"搜街"环节，由设计师带着嘉宾去购买小物件。其间设计师会从专业的角度介绍一些选购常识和技巧，如介绍家装材料的性能、如何选择既实用又环保省钱的建材。至于所买材料和物件的用途只有在最后才会被揭晓，保留了一定的神秘感。此外，这一部分采用交叉剪辑、平行剪辑、对比剪辑等多种方式来呈现红蓝两队的装修进程，让观众心里有了比较，有意愿看到最后的结果，从而继续收看节目。这一板块的"家装气象站"环节设置在最后的结果揭晓之前，主要介绍当下装修领域的新趋势，不仅延长了"收房"的悬念，也补充了更多的家装知识，提高了节目的实用性。

第三板块"收房时刻"也是节目的高潮，之前所埋下的伏笔都会在这里揭晓。48 小时的辛苦，观众期待的心情，双方嘉宾迫切想看到新房变化的想法都要有一个结果。因而这里采用了层层递进的编排方法，来延长悬念。这一板块又主要分成三个环节：设计阐述、收房同步看和百宝箱。每个小环节层层递进，悬念也一步步向观众揭开。其中"收房同步看"是最精彩的环节，主持人带领一对嘉宾验收他们的"新"房子与另一对家庭选手、设计师看此过程的录像交叉剪辑。两块简单的遮眼布道具的使用将悬念推向了高潮。最后出现的"百宝箱"其实在节目的一开始就预埋悬念，它的出场被安排在嘉宾的收房激动之情还未消退之时，又意外地收到各种小礼物，使现场嘉宾的情绪再次高涨，而节目也恰到好处地在情绪最高涨的时候结束，给观众留下想象与期待的空间。在整个过程中，观众其实和嘉宾一起参与体验并从中获取了信息、改变了想法、享受了生活、体验了情感。

五、叙事方式——故事化

《交换空间》的每一期节目实际上就是一个关于装修的故事,选手、主持人、设计师承担了不同的角色。节目以介绍家居装饰为主要内容,参与的嘉宾都是有故事的人,而把这些故事融入装修则使得整个过程充满了温情。例如,节目中时常出现家庭成员之间、他们与设计师之间相互关心、相互帮助、相互理解的场面,也是节目侧重表现的人际关系。观众很容易将自身的情感移植到嘉宾身上,并随着节目的进程得到释放。

其实节目在前期选拔参与者时就要求他们之间具有一定的关系,存在一些故事,而这些温馨的故事使单调的装修过程充满情趣。例如,新婚的小夫妻想把他们的爱情故事和浪漫回忆留在房间里;从小到大的好兄弟在工作中有了隔阂,通过装修过程来重拾记忆,弥合感情;当工程师的爸爸终于退休可以安享晚年,儿女想营造出特殊的房间来记录爸爸的光辉岁月等。这些,都是《交换空间》做过的主题。这样一来,装修不仅仅是与钢筋水泥、机械、板材、电钻为伍,也和渗透进的亲情、友情、爱情相伴,使节目的叙述更加柔和。特别是在节目结尾,当选手被摘下眼罩的那一刻,经常是喜极而泣;另外,设计师与主持人也常融入他们的故事,成为情感传播的一部分。从观众角度来看,他们也往往容易被感动。因此,节目中每个环节都充满了情感与故事,使整个过程更加富有人情味。

另一个故事化的特点来自悬念的设计。其实,节目规则本身就为悬念的制造营造了一定的条件。它要求嘉宾和设计师要在 48 小时内,以环保、节省的理念,用额定的费用完成装修。这对正常环境下的受众来说很难实现,也就引起了他们对事件进程的浓厚兴趣,想了解选手到底如何实现。另外,对于家装过程而言,嘉宾与设计师因为专业背景和兴趣爱好的不同常常会出现分歧,而交换空间进行装修本身的风险(因为装修的结果可能令业主不满意)使双方嘉宾和双方设计师之间也可能存在矛盾,这也导致了节目阶段性冲突的产生。

【实训】

一、训练目标

收看多期《交换空间》,熟悉使节目故事化的几种手法。

二、训练方案和要求

思考节目不同板块的设计;思考每个板块的具体内容;思考剪辑方法。

三、训练提示

注意节目中主持人起到了什么样的具体作用。

第二节　解析《快乐生活一点通》

一、《快乐生活一点通》节目简介

开播时间:2004 年 1 月 1 日。

播出平台:北京电视台生活服务频道。

播出时间:周一至周五 17:29。

主要节目内容:节目以《快乐一家人》室内情景剧的形式播出,开创了生活类节目角色化主持的先河:三代同堂的五口之家,其乐融融的生活氛围,原汁原味的生活场景被真实生动地搬上了荧屏。节目形式活泼、内容丰富,百姓生活中的小发明、小窍门,通过快乐家庭的日常生活一一展现。节目使观众在轻松诙谐的家庭气氛中,便可学到简单实用的生活小窍门。

二、节目产生的背景

传统服务类节目的发展遇到了瓶颈,主要体现在以下三个方面。

1.节目形式难以创新

很多节目在初期收到比较好的收视效果之后,就会长期延续旧有的模式,不敢尝试创新。例如,一些美食节目请明星教授美食的做法,刚开始受到观众追捧,但节目形式长此以往,不做改变,对明星的新鲜感会慢慢消失,从而使受众产生收视疲劳。很多生活服务类节目都面临着类似的窘境,因而改革创新迫在眉睫。

2. 节目内容枯燥

有些生活服务类节目只注重信息本身的选择，认为只要是实用的，一定是观众需要的、爱看的，而并不注重它们的编排和呈现方式。另外一个问题是节目大多自说自话，走比较传统的单项传播方式，因而缺乏互动性。例如，目前一些健康养生节目过于枯燥乏味，节目中主持人和专家用刻板的语言给观众灌输知识。这种类型虽然很注重实际但缺少了互动性，无法及时与受众沟通，降低了节目的传播效果，无形之间收视率就受到影响。

3. 盲目模仿知名节目

当下主流的生活服务类节目主要集中在健康养生、时尚旅游、美食等内容上，一旦出了比较优秀的节目，很多电视台都希望能够搭上顺风车，于是采用照搬照套原有节目的模式：相似的节目板块设置、相似的舞美灯光演播厅、相似的节目主持人风格等。栏目整体形式趋同，其实缺乏创新理念，过度的模仿是无法从根本上提高栏目质量的。

三、对观众的定位

《快乐生活一点通》不苛求观众细分，只要是热爱生活、喜欢自己动手、喜欢新知识的观众都是其服务的对象。所以，节目的收视构成涵盖了各个年龄段，可谓是老少咸宜。但是，其实节目策划之初，主创人员设定的观众群以中老年人为主，因为节目中讲的都是生活小窍门，经济又实用，而中老年人生活经验丰富，持家有道，所以料定他们一定是《快乐生活一点通》的主流观众。然而节目开播半年后的收视率分析显示，许多年轻人同样热衷于这档节目。《快乐生活一点通》很快调整了观众策略，节目在一定程度上实现了"分众传播之下的受众量最大化"。

四、节目特色

1. 情景剧的呈现方式

（1）角色扮演式的主持

《快乐生活一点通》打破了同类节目的固有模式，以快乐的一家人的主持形式开创了生活类节目角色化主持的先河。节目创造性地借鉴了室内情景喜剧的表现形式，突破了现有演播室以主持人为中心的单一模式，使家庭中的每一个成员都有一个角色定位，在节目中发挥着不同功能，表现力更为丰富。另外，角色化主持还使节目最大限度地还原了生活，而这个家庭在荧幕上表现出来的热爱生活的态度、欢乐和睦的家庭氛围，都增加了节目的亲和力。

（2）情景化的节目内容

将情景化运用到电视生活服务类节目，突破了原有的在演播室中以主持人为中心的单一模式，而是将很多信息含量大又比较枯燥的内容融合到一个有趣的故事中，通过编排情景剧或者小品，力求在最短的时间内把观众带入与主题相关的情境之中，给观众身临其境的生动感和真实感。例如，有一期节目的主题是教大家如何识别葡萄酒的好坏、如何让香水变香、如何用吸尘器吸窗帘上的灰、如何巧去衣物上的西红柿渍。节目组就编排了四个不同的情景剧，将这些小窍门生动形象地传授给受众，在娱乐的同时加强了受众对生活小妙招的印象。

2. 强调与观众的互动

（1）邀请观众参与节目

节目以观众为绝对中心，这是其获得成功的最重要原因。《快乐生活一点通》非常欢迎观众提供各种生活小妙招，对观众没有设任何门槛，而是积极地通过各种方式调动观众参与，介绍自己平时生活中发现的小妙招、使用的生活宝物，或带着亲手制作的美味菜肴参与节目录制。只要观众们有生活实用技巧方面的发现或者小发明，就都可以在节目中展示，还会获得奖励。从观众角度来看，其实除了希望从电视节目中获得实用信息外，也希望在电视节目中展示专长，被别人认同、肯定。这种积极的互动不仅调动了他们对节目的热情，也因为能够满足受众的这种心理需求而大受欢迎。实际上，《快乐生活一点通》是搭建了一个展示受众自己的发明或者技巧的平台，因此，受众积极参与。受众的生活智慧，使节目组有了充足的节目素材，也是其能健康发展的生命源泉。

（2）节目组走进受众群体

节目组每年都组织很多场外活动，走进社区或者学校、单位，增加与受众在现实中的互动。自2005年开始，节目组就组织了各种生活技巧大赛，如烹饪大赛等，让普通受众成为节目的主角，为他们提供更多的展示机会。此外，《快乐生活一点通》节目还开通了短信、微信互动平台。进社区、搞比赛、网络互动，这些与受众沟通、亲密接触的方法使节目进一步拉近了和公众之间的距离，便于更好地了解受众的需求，进而更好地策划节目；也有利于树立自己的品牌形象，为节目持续的发展提供有效的保证。

3. 主持特色

（1）主持人体验式操作

主持人的动手操作能力最能够在生活服务类节目中得以体现，《快乐生活一点通》节目中的每一个内容都需要主持人的配合来呈现。主持人对节目中所提到的生活小窍门或者推荐的美食做法都要现场学习和演示，要求主持人能很快变成体验者。这需要主持人有较强的语言表达能力，能将自己的体验用最形象的语言描述出来，让电视机前的受众有身临其境的感觉。

（2）语言风格诙谐幽默

电视生活服务类节目最讲究的就是贴近生活、贴近观众，因此主持人亲和力强、语言诙谐幽默有利于受众对信息的接受和对节目的认可。通过生活化的语言表达，主持人能将每一个看似说明书的节目内容展现成一幅幅生动的生活画卷。正因为节目是采用家庭生活情景剧的方式展开，主持人的说话风格就给受众一种邻居般的亲切感，能够充分抓住受众的需求和兴趣点。不仅言之有物，在受众能够听得明白的基础上还能做到言之有趣，使广大受众能够在笑声中轻松获知信息并且对节目印象深刻。

4. 表现内容有侧重

《快乐生活一点通》虽然是生活服务类节目，从这个概念上看，它可以涉及许多方面，如美容、保健、美食、旅游、生活窍门、购房、购车等。但是，节目并没有盲目追求内容的广泛，而是从多数观众的需求出发，给节目设定了重点内容和次要信息。对于重点内容，节目将从深度上挖掘；通过次要信息，则适当增加节目的覆盖范围。

民以食为天，美食部分对于大众的吸引力一直较强，大众对美食的要求也是越来越高。因此，节目选择以烹调美食为主要内容，常常会邀请国家级名厨、在社会上颇具盛名的美食店家的主厨或者民间美食的传承者来教授受众烹饪。所选的都是简单易学、营养价值高，既美味又健康的美食料理。在这个部分，主持人分别站在厨师的两侧辅助其完成某道菜品。在这个过程中,主持人采用幽默的主持风格和厨师互动,在轻松快乐的氛围中做出美食。

节目的另外一个重点内容是有关养生保健方面的知识。在当前社会,因为环境、工作压力等原因,许多身体健康问题逐渐显现。同时,这个主题内容对于特别关注健康养生话题的中老年人来说,有着非常重要的意义。

【实训】

一、训练目标

收看多期《快乐生活一点通》,了解情景剧的表现手法。

二、训练方案和要求

学习主持人的角色在这个节目中发生了怎样的转换;学习把生活服务信息融入情景剧的故事情节的方法。

三、训练提示

注意不同信息在节目中是怎样衔接转换的。

第五篇　科学教育类节目评析

【知识目标】

1. 了解科学教育类节目新的发展趋势；

2. 了解科学教育类节目的包装；

3. 学习科学教育类节目的策划方法。

【能力目标】

1. 科学教育类节目如何能让观众喜欢看；

2. 如何开拓科学教育类节目的呈现方式。

【案例导入】

收看中央电视台科教频道《原来如此》。

播出时间:每周日 18:45。

节目基本内容:《原来如此》栏目是一档以实验体验为特征的科普栏目。节目在人们习以为常的日常生活中发现问题,通过质疑假设、实验求证的调查手段,进行科学探究。

节目在选题上,主要侧重于对人们生活中的各种疑问和模棱两可的知识解答。其中,对百姓生活中的各种误区的探究和实证,是《原来如此》求证的最大亮点。节目科学验证的类型,主要分为生活疑问的科学实证、奇思妙想的步步求证、危急时刻的方法验证三种。其传播的科学知识以物理学原理应用最为广泛,其次是化学原理。后来,在危急时刻类节目开播之后,关于人在危急时刻状态下的经验和行为,也逐渐成为《原来如此》传播的重要知识领域。

思考:

1. 这档节目选择的科学内容是如何用娱乐化的方式传播的?

2. 如何选择科学验证的内容?

3. 节目内容的故事化编排特点是什么?

第九章　科学教育类节目概述

一、科学教育类节目的概念

狭义的科学教育类节目(以下简称"科教节目")是指以传播科学知识为主要目的各种信息类节目,它通常以课堂讲座为表达方式来达到教育服务的目的。广义的科教节目则拥有更多的内涵,它不再局限于传播科学知识本身,而是围绕着科教的方方面面,为观众呈现包括科教知识在内的教育动态、发展理念等各方面的信息,它注重传播科学精神、科学过程和科学方法。

综合来看,"科教电视节目"就是以科学为内容,运用多样的电视技术和艺术手段,弘扬科学精神、宣传科学思想、普及科学文化知识、传播科学方法以及传承人文理念,起到一定教化作用的电视节目。这里的"科学",是包括自然科学和人文社会科学在内的大科学概念。比如,中央电视台科教频道的《走近科学》《原来如此》《科技之光》,湖南电视台的《新闻大求真》就是主要表现科学技术和介绍科学知识的节目;中央电视台的《探索·发现》《国宝档案》《一槌定音》等节目就是人文色彩很重的科教电视节目。

二、科教类节目的基本特点

1. 科学性与真实性

科教节目必须在客观陈述内容上保证真实、准确,在主观表达上保证具体、真切,这是科教节目最基本、最起码的要求。在客观上保证真实、准确,就是在报道内容上把科学性、真实性放在第一位。科学性并不完全等同于真实性,科学性和真实性是相互联系的概念。科教电视节目传播内容的第一个原则就是要真实,但科教电视节目与其他电视节目不同的是,科教电视节目的真实性有更高的要求和更复杂的情况,达到完全真实的难度更大。所谓完全真实,不仅指事实完全符合实际,而且要符合科学规律和科学思维方式。科教电视节目的完全真实等于科学性,但一些相对真实比如科学想象和科学猜想并非"完全真实",但同样具有科学性。因此,科学性不仅仅是对事实现象、概念、数字、知识等的准确反映,而且是对现象等背后的规律、本质、机理、方法和精神的全面、准确的把握。

2. 内容的多元化

随着社会的进步和现代化进程的加速发展,社会公众对科技知识的需求也日益增大,现代教育的基本理念也正在发生深刻的变化。各国对教育民主化、回归生活的教育、教育的可持续发展、个性化教育、创新教育等的强调,使现代教育发展的基本理念呈现出许多新的特点和趋势。在这种社会背景下,科教节目也要适应新世纪新阶段的发展要求,再不可能固守方寸讲坛,单纯为观众传道了。打开电视,受众会发现科教节目不只是电大培训班,而是充满智慧的万花筒,种类繁多,从科学常识的推广、新科技的应用、日常生活的科学阐释,到健康医学的普及、历史文化的传承等不胜枚举。

3.寓教于乐的艺术化表达

回顾中国科教片创作已经走过的近半个世纪的道路,给人留下深刻印象的是它长期体现的"宣教"意识。由于传统文化的强烈影响,这种意识一直制约着科教片的创作。植根于传统文化土壤上的"宣教"意识不自觉地对社会承担道德甚至政治导向的功能。虽然科学是严肃的,但这并不意味着它非要以冷冰冰的面孔示人。著名电视人孙玉胜说:"电视节目首先要让人看进去,然后才能传播那种深邃的思想。"如果科教服务节目只是注重宣教功能,而忽视其内在的艺术特征和审美功能,缺乏服务意识,是不能植根于广大观众心中的。

因而科教电视节目在做到表达准确无误、通俗易懂、形象生动的同时,还要努力把科学性和艺术性结合起来,以便最大限度地调动观众的兴趣,引起观众的共鸣。人们在收看科教电视节目时,不仅需要得到科学知识,同时也需要得到一定的娱乐和美的享受。人们希望科教电视节目摄制得生动活泼、引人入胜、趣味盎然,使人们能在轻松愉快的娱乐中满足求知的欲望。

而随着新的电视传播理念的发展和电视技术的飞速提高,当今的科教电视节目已经形成了以现代化技术为载体,可以直观、逼真、形象、生动地记录和剖析各种自然和社会现象,是一种集语言、文字、音乐、动画等多元符号为一体的综合性的艺术。节目形式也日渐多元化,专题片、竞技游戏、故事化包装等方法极大地丰富了科教节目的呈现方式。现在,国外的许多优秀科教电视节目,都做到了科学性与艺术性的完美结合,即通过通俗易懂的语言文字、完美的视觉形象和声音魅力,恰当地诠释了科学原理,使观众的注意力高度集中,让观众对节目的内容产生兴趣。

三、科教节目的形式分类

纵观我国电视科教节目半个世纪的发展历程,其采用过的节目形式大致有电视讲话、知识竞赛、纪录片、谈话节目、专题片、系列片、电视访问、科普动画片、科普小品、科普论坛、科普新闻报道、直播节目、辩论会、连线节目等。其中,一些早期的节目形式早已经淡出银屏,一些形式偶有采用,一些形式逐步和其他节目内容融合,还有一些创造出了更新颖、时尚的节目形式。下面,就目前我们国家电视上常见的几种形式进行讨论。

1. 纪录片形式

纪录片精美的画面能完美地呈现出科学之美。著名的探索(Discovery)频道的节目风靡世界的原因,也与其精美的画面分不开。它的节目画面色彩艳丽醒目,喜用暖色调,而采用冷暖对比时又十分鲜明夺目。画面构图协调,重要的内容始终放在显眼的地方,重点突出,常常让人看后难以忘怀。节目画面的立体感很强,有时甚至让人感觉画面中那些凶猛的野兽似乎要走出来和自己亲密接触——唯美的画面带给观众强烈的视觉冲击力,引领观众随着画面的转换,一步步去探索科学的奥秘。

2. 直播节目形式

现代电视直播充分借助现代电视的各种技术手段,在"第一时空"同步、立体、全息且全方位、多层次、多角度地进行报道,使得现代电视直播真正发挥了电视独特的传播优势和魅力,这是其他媒体所难以替代的。运用到科教类节目中,一些科技新闻当天就可以制作播出,甚至可以和事件的发生同步进行,让受众在事件发生的同时,看到事件发生和发展的情景,如多次的卫星发射直播、考古发掘的直播等。科教直播节目将重大的科学发现、科学活动,甚至科学实验的一些细节和过程都在第一时间、第一现场呈现在受众面前,让科学与受众真正实现了零距离接触,电视受众可以真真切切地感受到科学的神奇与科学家的伟大。

3. 以演播室为主场的多元形式

对于大多数科教节目来说,既重视内容的科学性、严肃性,又要考虑受众的收视兴趣,强调节目的娱乐性,单一的节目形式很难兼顾。因此,为了最大限度地符合科教类节目的基本要求,又尽可能地照顾到观众的收视感受,多元形态组合的科教类节目形式应运而生。例如,央视的《走近科学》《国宝档案》《探索发现》等,这些节目形式基本上是采用"演播室+嘉宾谈话+情景再现"等表现手段,这也是我国科教节目的一种独特形式。

4. 益智类形式

益智节目,就是通过知识与智力的比拼,最终使参与者能赢得一定奖励的知识竞赛型娱乐节目。科教节目对这种传统的益智节目进行了一定程度的改造和变形,以适应科教节目的传播需要。例如,弱化了原本的娱乐性,更强调竞争的乐趣;弱化了原本的奖金价值,强化其社会意义和价值等。

5.科学实验类

这是针对人们生活中莫衷一是的问题、习以为常的科学原理,运用实验体验的方式,将实验过程和实验结果进行记录和展现的科普电视节目,以宣传正确的科学知识和方法。

【实训】

一、训练目标

观看任意一档科教类节目,要求学生思考节目内容、主题选择与其呈现方式的关系。

二、训练方案和要求

1.学生分小组收看科教类节目。

2.学生讨论节目中内容的性质。

3.思考节目选择这种呈现方式的原因。

三、训练提示

1.注意节目内容和表现方式的匹配。

2.节目是否可以有更好的呈现方式?

第十章 经典科教类节目评析

第一节 解析《流言终结者》

一、《流言终结者》节目简介

开播时间：2003 年 1 月 23 日。

播出平台：探索（Discovery）频道。

播出时间：每周三 20：00（2016 年 1 月停播）。

主要节目内容：由特效专家亚当·萨维奇（Adam Savage）和杰米·海纳曼（Jamie Hyneman）共同主持，他们利用自身的专业和技巧，针对各种广为流传的流言进行实验。由于节目要验证的传说都很夸张，不多的现实依据在传播过程中不断添枝加叶、虚构渲染，最终成为有鼻子有眼的传奇故事。《流言终结者》把传说作为主要解析对象，对受众很有吸引力。例如，在加油站用手机打电话是否会引起爆炸，高速旋转的光驱是否会使光盘破裂，沉船是否会将水中的人吸进水底，金鱼是否有记忆力，等等。这些在民间流传的、没有经过任何科学论证的传言，却有可能影响到每一个人的正常生活。

节目运用创建模型等科技手段对传说的真实性进行实际验证。节目主持人亚当·萨维奇和杰米·海纳曼有三十多年制作机械动物、模型、动效的经验，在《流言终结者》中，他们充分发挥自己的技术优势，运用多种学科理论，创建不同的科学模型，对民间流传的一些带有猜测性、没有经过科学论证的说法进行验证。这种建立模型释疑解惑的方式既有说服力，又有利于电视呈现，有很强的趣味性。节目就是通过科学手段的运用，揭开传言背后的神秘面纱，为我们揭示了一个又一个广为流传的谣言和都市传奇背后的真相,使受众的好奇心得到极大满足。

二、节目兴起的背景

1. 网络媒体的发达

随着网络媒体时代的来临,特别是自媒体的高速发展,各种新闻、言论的传播速度加快,传播范围变广,很多信息的把关变得越来越难,而受众对网络上流传的一些消息往往难辨真假。虽然网络让受众接触的信息量增大了,却难以确保所有信息的客观性、真实性。因此,各种谣言的快速传播使得人们对科学、准确的信息的需求量越来越大,这就成为科学实验类电视节目的起始因素:大众希望通过严肃的科学实验来对这些谣言进行验证,给大众一个权威合理的科学解释。

2. 传统科教类节目的弊端

由于传统的科教类节目太过严肃枯燥,选题内容多是普及科学常识而与普通观众的生活并没有关系,难以拉近与观众的距离,因此传播效果并不理想。而在今天这个全民娱乐、全民狂欢的时代,严肃的科学节目如果不作呈现方式上的调整,找寻平民化、生活化的入口,将很难存活。如果有一类集科学性、客观性、娱乐化、大众化为一体的节目出现,能通过严谨的科学实验、轻松娱乐的讲述方式,为观众验证各种传言,无疑会受到受众的喜欢。

3. 探索频道的天然优势

(1) 节目制作理念

探索频道的创始人亨德瑞对"探索"的理念做了如下概括:"我们希望我们的受众都是对科学有'渴望'的人,即对自己周遭事物感到好奇,希望获得更多的人。"在探索频道的作品中,重要的并不是结果,而是探索和发现的过程。不管结论如何,在其中尽量少评论,将事实展示给受众,引领他们自觉地去思考。这种勇于探索、不断追求真理的精神也成了《流言终结者》的核心理念。

(2) 专业化的制作分工

探索频道节目的导演和摄影师,实际上不全是探索频道的员工,常常是从事某一方面的专家。因此,节目的制作完全是按照他们的专业领域来分工,其分工之细甚至达到难以想象的程度,只为把每一项工作都做到最好。因此,探索频道的节目制作人员在某一方面的高度专业性是很难被复制的。正因为有了专业性的制作,才有了探索频道节目从内容到画面、结构、剪辑、配乐的总体精良品质。

三、科学求证精神

美国的文化教育培养了美国人的质疑、探究精神,使他们常常对权威或权威性观点持批评式态度。他们认为,任何问题的答案都不是现成的,得靠人的寻找和思考才能获得。因而在美国的科教节目中,一个永恒的主题就是挑战权威,通过实验来证明真理。

《流言终结者》就符合了美国观众不懂就问、有问必究的批判精神和质疑态度。节目巧妙地挖掘了美国人在生活中经常真假难辨的流言,并将其作为质疑的内容,通过实验的过程,让受众一步步地将不了解的内容转化为了解。

实证流言并不止步于实验过程的惊心动魄和结果的尘埃落定,还包括严格精确的科学分析,主持人结合专业知识和科学原理对结果进行的准确解读。这一切不仅让观众明了个中缘由、理解科学知识,更是对科学精神的切实践行。

四、节目选题

选题对电视科普类节目来说,具有重要意义。好的科教类节目必须要有好的选题做基础,一方面,节目的选题要具有一定的深度和广度,体现出节目的文化和科学内涵;另一方面,节目选题还要具有时代性,使节目内容能够和观众产生共鸣。《流言终结者》对其选题有一定的要求,必须是具有争议的流言,而之后对流言的证实或证伪,则构成了整个节目的核心内容。

1. 选题特点

《流言终结者》的选题涉及领域广泛,注重奇异性和想象力,以激发公众对科学的好奇心和探索精神为目的,比较侧重于惊险刺激、富于挑战性甚至威胁人体生命的室外实验大型项目,不断挑战人体极限。针对这些实验,普通民众不具备自行验证的条件及能力。

另外,选题具有比较强的争议性,有争议才有话题。也就是说,对于此流言人们普遍存在两种截然不同的声音,这样才更能激发受众收看节目的兴致,因为他们都期待最后的结果。

2.选题的基本内容

(1)流言

在内容上,它既包含日常生活中的一些流言,如"汽车音响能震破车子""打电话容易遭雷击""酒后运动可以解酒"等,这些和受众生活息息相关的每一个选题都在映射着受众的生活本身;同时,也对更多的科技流言感兴趣,如"把一张邮票贴在直升机旋翼上是否会让直升机失去平衡而坠毁""在圣诞树上喷洒液态氮是否能发生爆炸"等。

(2)拍摄手法

采用影视作品特殊的拍摄手法拍摄,后期运用各种特效剪辑技巧进行适度想象,这总能勾起人们的好奇心,是否影视情节中的极致情况能在真实生活中出现呢? 选择影视情节进行实验求证,能够满足受众的猎奇心理,也能增加科学实验类电视节目的趣味性。

《流言终结者》还会对电影情节中的若干现象进行科学实验,如"阿基米德镜子烧船?""飞翔的帽子能否把雕像头砍下来?""能否通过现实中的红外线警报器而不触动警报器?""忍者赤手空拳拍掉子弹?"等。这些选题人人提高了节目的趣味性、娱乐性以及和观众的互动性。

五、创新的科普形式

《流言终结者》的可贵之处就在于对科学传播方式的创新,采用现场实验这种别具一格的方式向公众传播知识,体现出较强的创新色彩和实证精神。

节目尝试用纪实的手法、科学的实验来验证流言的真伪,既向观众展示了实验的科学性和真实性,又可以让观众意识到科学真相的重要性;同时,还可以在进行科学实验的过程中,唤起大众对真相的探索欲。例如,节目在进行流言的验证时,执行的是真人秀式的实验展示,实验过程贯穿整个节目。从选题讨论、方案设计、设备制作、实验实施、实验调整,到讨论结果;从对实验的每个环节、每个人的反应、话语,到成果验证阶段都进行了详细的同步纪实性录制和描述,并且全程录制购买和制作实验用的模型与道具的过程。而对于实验过程中所出现的问题进行自我陈述,对每一次实验的准备过程都进行有重点、有区分的呈现,满足受众对节目真实性和科学性的要求,以达到破除谣言的目的。

《流言终结者》的实验并非请专业人士完成,多数由主持人自主设计,在自己的实验室中制作实验设备、亲自操作实验,创意性强,每一个实验环节都充斥着悬念,可视性、参与感、体验感自然蕴含在实验的过程中,所以节目强调全过程的展示。例如,验证"水柱升起汽车"。主持人先在实验室加工好微型实验汽车,准备好相关器具,现场演示;成功后,再准备真实汽车,加工实验器具进行真实实验。

六、有趣又不失科学性的呈现方式

随着娱乐化的大趋势席卷电视荧屏,科普节目中出现了越来越多的娱乐元素,形成一种科普娱乐化的趋势。科普娱乐化并不同于一般的综艺娱乐,虽披着娱乐的外衣,却坚守严肃内核,以高度开放和包容的科学精神,在轻松的娱乐风格中传播知识、寓教于乐、立体互动。娱乐的目的不仅是达到感官上的快乐和放松,更重要的是科学实验带来的让人意想不到的结果或者瞠目结舌的奇观,使受众在轻松愉快的收看过程中体会到精神上的满足。这使受众达到精神层面的提升,激发他们对知识的追求热情,从而吸引更多的受众关注科学,得到科学思维的启迪。

1.电影化的视觉效果

(1)叙事节奏及镜头语言有意强化戏剧性和紧张感

在节目的验证过程中,形成强大的悬念,扣人心弦、不显乏味,无论现场嘉宾、现场观众还是电视机前的观众都凝神屏息、神情专注。实验展示又常用高速摄像机的特写镜头对细节加以放大,极大地缩短了观众与现场的心理距离。这种气氛营造出很强的带入感和参与感,伴随着极具节奏感的音效,让观众处于高度紧张当中,对实验结果形成巨大的心理期待。

(2)动画的运用

《流言终结者》在片头、片中部分经常使用动画短片的形式,对流言测验的整个过程进行形象生动的讲解。例如,在汽车捆绑火箭能否飞起的实验中,该节目就利用动画短片形象生动地介绍了整个实验的过程。此举优点在于:第一,可以让观众更直观清晰地了解整个实验过程及相关的知识原理。第二,可以丰富电视节目的表现形式,引起受众的收视兴趣。第三,节目中很多实验可能成本不菲,实验过程或结果的呈现都是瞬间的,单独利用电视的重放效果未免生硬无趣,使用动画可在增加趣味性的基础上,重复强调实验环节中的重要内容。

(3)节目录制空间

①室内空间。节目室内实验部分是在位于旧金山湾区的一家特效公司——M5 Industries 中完成的。由于是特效公司,整个节目的录制场景和电影的特效镜头录制现场类似,到处堆满了制作特效所需的材料。

②室外空间。节目室外录制地点则会根据节目内容而定,有沙漠、海洋、高原、冰山等,涵盖了地球多数地理面貌,其中不乏恶劣环境。观众在观看实验的同时,也可欣赏到不同的地理风情。这些场景的直观展现一方面是出于节目主题的需求,但更多的是通过展现场景来丰富节目内容,吸引更多观众。

(4)节目包装

《流言终结者》的栏目包装无疑是超级炫酷的,亚当·萨维奇和杰米·海纳曼的卡通头像,杂乱无章又充满未来感的实验室也给人一种探索感。对主持人和主题的介绍更是一种快节奏的剪切,加上模拟实验和电影情节中的特效,充分地制造了悬念,其惊险刺激程度仿佛是美国人片里面的场景再现,科技感很强。

2.好莱坞叙事模式

(1)埋下伏笔

节目一般都会以主持人在实验室里讨论的问题作为引子,将流言内容引出并加以说明。作为悬念,吸引观众带着这些问题去收看实验并思考问题。然后,主持人进行初步实验,对流言进行验证。这一部分也是最为重要的部分,其中可能多次进行实验,实验结果有成功也有失败,失败的结果和成功的结果往往交错安排。这一过程在刺激观众的视觉、听觉的同时,也在引导观众对科学原理进行深入思考,体现了科普类节目传播科学知识的宗旨。

另外,有些流言需要历经反复多次的实验才能确认,流言验证过程不断设置悬念,验证过程中高潮迭起,其复杂性和曲折性正是引人入胜的关键。

（2）交叉剪辑

节目每期一般是两到三个选题，以需要复杂的准备和实验去验证的流言作为主要呈现对象，同时搭配一到两个能够简单验证的流言。这一大一小两个实验并行，交叉剪辑，类似于好莱坞电影中常用的双线索叙事手法。例如，在一期节目中，要验证"人在熟睡时将其手放在温水中会导致人尿床"是主轴，验证的条件必须是人在熟睡状态且将其手放入温水中五分钟内没有察觉才有效。这样的验证要求一定不会一帆风顺，需要较长的时间来准备和验证，因而在其间交叉剪辑了一个有趣但是容易验证的流言——"耳垢可以做成蜡烛"。这样的剪辑方式避免了复杂实验给观众可能带来的不耐烦和视觉疲劳，而且叠加的两个实验重点各不相同，很好地保持了观众的注意力。此外，这种叙事结构清晰明了，不会增加观众理解科学知识之外更多的负担。值得一提的是，节目在较长段落交替之前会加上必要的前情回顾，有助于唤起观众的记忆。

3. 一些细节的考虑

为了让观众了解实验的大概过程，能够跟上节奏，节目经常利用蓝图展现流言实验的思路。蓝图，也就是工业上俗称的"晒图纸"。节目一开始先是在蓝图中提出流言，然后通过简笔画的方式展现实验的原理。通过描绘蓝图讲解实验步骤，也展示出了主持人实验和道具的制作思路，让电视机前的观众对如何设计实验和需要完成的步骤有一个整体的把握。在这个整体把握之下，再去分析每一个细节，思路就清晰得多。此举使观众获得直观的感受，增强观看的兴趣，并且便于其了解实验中展现的科学原理和科学方法。

七、嘉宾分析

1. 普通观众为主、名人为辅

《流言终结者》的嘉宾以普通民众为主，这在一定程度上增强了实验的可信度、真实性，而且使电视机前的观众感受到零距离。当然，并不是所有的嘉宾都是平民百姓，也有名人嘉宾，最有名的要算前任美国总统奥巴马了，他曾担任2010年12月8日《阿基米德的死亡光线3.0》这一期节目的嘉宾。节目在嘉宾的挑选上没有什么局限，从而获得了观众范围的最大化。

2. 强调互动性

节目中的很多创意来自民间,同时节目也催生了很多民间的"流言终结者",他们自己动手、破解谜团。通过互动,观众在轻松、愉快地收看节目的过程中不仅获得了知识,而且积极参与节目提倡的"亲身用实验证明流言真伪"的科学实践,获得了精神上的愉悦和高层次的心理满足,取得了很好的收视效果。

八、主持人分析

1. 经历特殊

《流言终结者》由亚当·萨维奇、杰米·海纳曼、卡丽·拜伦、托利·贝勒西、格兰特·今原五位长期出镜担任主持人。他们虽不是播音主持科班出身,但资历丰厚、阅历丰富,个个身怀绝技。

亚当·萨维奇曾当过动画师、平面设计师、室内设计师、布景设计师以及电子动画或电脑化机器人专业人员。格兰特·今原是电子和无线电控制专家,他是《魅影危机》中 R2-D2 机器人的操控人员之一,曾参与了《失落的世界:侏罗纪公园》《终结者3》和《黑客帝国》两部续集的制作。卡丽·拜伦作为女性,生活阅历异常丰富,曾周游世界,同时是一位雕塑家和画家。杰米·海纳曼曾是一位荒野生存专家、动物训练师以及厨师,曾在加勒比海担任过很长一段时间的潜水夫与船长。托利·贝勒西有舞台特效工作经验,曾供职于特效公司,具有丰富的特效工作经历,并曾参与了《魅影危机》和《克隆人的进攻》的模型制作工作。

主持人们虽说不是专业的科学家,但他们有着丰富的经验和科学知识储备,他们做的实验通常都能得到科学界人士的认可。这无疑增加了节目的说服力,更容易让观众认可。

2. 角色定位

美国人具有爱做实验,不断利用一切机会进行各种常识验证的开拓精神。《流言终结者》节目顺应了这一文化特征,其主持人既承担主持人的工作,又是节目的制作团队,实验的过程即节目的过程。主持人实属流言验证者,亲自动手设计并进行实验,每位主持人都能在实验中显示其独特的绝技,展现其知识魅力。在实验者的实验过程中,受众仿佛置身实验其中,亲自挖掘实验中蕴含的科学原理和知识,完全忘记了传统意义上的主持人的存在,而是全神贯注地跟着他们一起体验。这也符合美国观众爱自己动手、爱搞实验的特点和冒险好动的性格。

其实主持人与嘉宾作为实验的操刀者融入实验,其目的是培育品牌主持,也就对主持人的科学素养及冒险探索精神提出了更高的要求。它不仅要求制作团队和主持人必须对所进行的实验在准备阶段有充分的把握,将实验中的科学原理牢记于心,能够熟练运用,进行深入浅出地表达;同时,在遇到危险时,能够冷静、科学、安全地进行自救。

3. 个性化搭配

两位主要主持人之一的杰米留着光头,戴一顶黑色贝雷帽和一副金丝眼镜,言语不多、不苟言笑,以冷静、客观、严谨的行为举止著称,在节目中代表着令人信服的"理性之音"。而另一名主持人亚当则留着山羊胡须,戴着标志性的黑框眼镜,他总是妙语连珠,负责搞活节目的气氛。他们二人的性格反差反而增加了节目的戏剧化效果。他们曾经在采访中说过:"我俩的脾气和性格可谓水火不容,但是我们恰恰利用了这种个性差异,把它当作一件强大的工具。我们对题材内容意见不一、讨论激烈,虽然也会为此发火,但同时我们能对节目内容形成独特的观点,并帮助观众更好地理解这些内容,这对观众、对我们自己都是有利的。"

【实训】

一、训练目标

收看多期《流言终结者》,熟知科学传播如何与娱乐手法相结合。

二、训练方案和要求

单纯从视听元素的角度了解节目娱乐化的包装手法如何增加其可视化的效果;从叙事结构的角度学习如何让枯燥的科学知识传播更加有趣。

三、训练提示

可以把《流言终结者》和国内类似的科学求证节目进行对比,找出其区别。

第二节 解析《百家讲坛》

一、《百家讲坛》节目简介

开播时间:2001 年 7 月 9 日。

播出平台:中央电视台科教频道(CCTV1)。

播出时间:周一至周日 11:41。

主要节目内容:《百家讲坛》是一档以录播名师名家讲座为核心内容的节目,是"一所汇集了名家名师的开放性大学"。栏目宗旨是"由海内外名家名师主讲,涵盖科技人文社会,形式不拘一格,学术性与实用性并存,权威性与前卫性并重,追求学术创新,鼓励思想个性,强调雅俗共赏,重视传播互动"。节目秉持"文化品质,科学品位,教育品格"的整体定位,坚守"让专家学者为百姓服务"的目标,架设"一座让专家通向老百姓的桥梁",来传播中国的传统文化。节目也历经多次改版,主动由学术化、精英化和小众化向学术日常化和大众化转变,力图为大众揭开中国古典文化和历史的神秘面纱,让大众与专家对接、使学术为大众服务。节目做到深入浅出、雅俗共享,融知识性、故事性、趣味性于一体,成为著名的科教栏目。节目中许多学者亲切通俗的风格骤然吸引了众多观众的眼球,收视率不断攀高。《百家讲坛》的成功带动了全国的"讲坛热",在推动学术文化普及上起到了积极的作用。

二、节目的背景

1. 现代人的困惑

生活在快速发展的现代社会,虽然时代的进步给予人们更多新的事物,让人们有了新的选择,但同时也造成了人们新的困惑与选择的迷茫。在物质越来越趋于丰富的当今社会,人们生活中来自自己、别人、社会的压力也日渐增大,幸福快乐似乎成了奢侈、可望而不可即的目标。人们都在寻找答案,拉近自己与幸福快乐的距离。

因此，越来越多的人在物质文化日益得到满足的同时，对精神文化的需求越来越强烈，人们开始寻找文化根基，需要知道"我是从哪里来的"，需要对自身文化有一种认同感，学习历史、重温历史、品评人物、传承文明成为大众文化需求。由于这种需求不是个别的而是广大的，不是某一个层面的而是广泛的，所以就在全社会形成了一个广泛的文化需求市场。

因此，《百家讲坛》开辟了一个天地，各位学者用浅显通俗的语言、动情动人的语调，面对面地跟观众分享他们深刻、独特、细腻的感悟，在分享着古人的成败得失、喜怒哀乐的同时，又获得具有时代意义的生活态度的比照。它所传播的历史故事里蕴藏着智慧真理，唤醒了人们内心的幸福之源，重塑当下生活的价值标准，给人们勇气去守护内心、拥有自己的幸福。某种意义上说，它完成了人们内心的一种宗教救赎，把最质朴、最纯净的、被忽略、被掩盖的智慧重新种在人们心中。

2. 大众文化成为主流

当代社会的文化主体是从精英文化与政治文化中解脱出来的，以电子媒介为中心的大众文化。它是与当代大工业密切相关，以全球化的现代传媒特有介质大批量生产的当代文化形态，旨在使大量的普通市民获得感性愉悦的日常文化形态。

《百家讲坛》正是顺应了这一文化潮流，实现了精英文化与大众文化的交融。尽管在现代社会，多元的价值判断盛行，质疑精英文化的声音此起彼伏，但是对于每一个人来说，内心还是需要一个坚强的可以长久屹立的标尺存在的。在《百家讲坛》学者们的讲述中，历史中的经典、圣贤在现代人面前被重新进行了个性化、人性化的解读。他们站在大众的立场、用大众的语言去诠释精英的思想、智慧和心境，帮助观众打开心门，不仅仅与现在的精英展开对话，更是穿越时空与古代的精英进行了古今对话，潜移默化地完成了对大众文化更加内在的引领。

3. 中国丰厚的文化底蕴

中国是一个文明古国，有着悠久的历史传统和丰厚的文化底蕴。除了各朝各代都有的历史文学巨著，还有诸如音乐、书法、绘画、篆刻、漆器、织绣、服装、建筑等其他传统类型的艺术形式。这些都是中国文化的重要组成部分，也可以成为节目最优秀的资源。

4. 大众媒体的迅速发展

大众媒介的发达所带来的最为直观的社会结果就是信息绝对量的增加，而且这个趋势愈演愈烈。在各种各样的信息铺天盖地、知识更新速度越来越快的时代，大众的生活节奏普遍加快，生活和工作的压力也随之不断增加。精力和时间方面的受限使得人们并没有太多时间去拜读长篇大论的经典著作，许多优秀的经典文学作品难以拥有理想的市场，很大程度上也正是基于这个原因。

《百家讲坛》的出现恰好弥补了这个遗憾，符合了时代的潮流。由于受节目时间的限制，各类历史经典、文献最为精华的部分经过专家在系列讲座中的精彩解读，把艰深难懂的原著玩味得简明、透彻，易于让普通大众接受、欣赏和思考。受众也得以重新温习历史，正所谓既能够"温故"又能够"知新"。

三、选题分析

1. 选题形式

百家讲坛在历经三次改版之后，已经形成了比较成熟的系列化编排，同一系列由同一位主讲人完成，内容是统一题材的纵向延伸。这种选题形式的优势如下。

（1）丰富节目内容

系列化的做法可以将零散的单期进行整合或者将某一课题分成几期来做，可以将主题深挖下去，扩充节目的信息量，丰富节目的内涵，为主讲人提供更大的发挥空间。以非常有名的系列——阎崇年的《清十二帝疑案》为例，他用了37期节目把清王朝十二帝的民间猜想和正史考证以及答疑从容不迫地讲述出来，讲得妙趣横生、酣畅淋漓。

（2）增加了节目的"纵深感"

针对一个主题连续多期的节目形式增加了节目的"纵深感"，能够在观众心中形成强烈的冲击和震撼，以吸引观众持续地关注。此举也使其作为学术栏目的厚重感得以体现，扩大了影响，为收视率的提高做了保障。

（3）留下悬念

由于系列化选题是由多期节目组成，因而可以在每一期节目中留下悬念，让观众看完这一期后还会期待看下一期，逐步形成稳定的观众群。

2.选题内容

（1）以文化类为主

改版后的节目改变了以往以数学、物理学等具有很高学术性的抽象理论为内容的情况，而是聚焦在历史文化和中外文学上。这一类的题材往往具有一定的故事性和趣味性，便于专家较深入浅出地讲解，对普通观众的文化水平也没有太高的要求，可以调动起观众对历史人物和事件的兴趣点。另外，这类题材往往有故事和人物，能很好地融入电视感性元素，可通过纪录片段、电视剧或电影片段的再现达到较好的电视传播效果。它利于培养稳定的观众群，并能使观众对历史知识有一个全面详细的了解，从而增加节目的收视率。

（2）与当时的热点话题相关

《百家讲坛》的选题十分注重与社会某一个时期的热点话题相关联。例如，在清宫戏持续热播时，它推出了《清十二帝疑案》系列讲座；在电视剧《汉武大帝》播出后，它又推出了《汉代风云人物》系列讲座；针对当今社会人们普遍关注的婚恋问题，节目组则推出了《老子智慧与现代式离婚》系列讲座。这些系列讲座的推出都很契合受众当时强烈的探寻心理，而且由于受众事先对这部分历史文化知识已有所涉猎，因此在文化传播过程中存在的传播障碍相对来说较少，更有助于达到良好的传播效果。

四、节目的呈现形式

《百家讲坛》的制片人万卫对主讲人提出三个要求：会讲故事，形象有亲和力，观点有现代人物视角，也就是说要具备一个新说书人的新要求。这三点已经充分概括了节目呈现方式的特点。

1.故事化的内容

《百家讲坛》的讲述模式不是研究院中的文本，不是大学课堂上的讲义，也不同于日常的讲故事，而是要求思想与讲述并重。将一些文学经典、学术话题以及社会焦点话题,通过学者通俗化的解说,建构一个引人入胜、能够吸引受众的讲述方式——故事。易中天就《百家讲坛》的讲述方式曾经提出过"得学会编故事,要做到三分钟一个兴奋点,五分钟一个高潮"的观点。在故事里有主角也有配角、有情节的跌宕起伏,一般电视剧所应具备的要素在这里全都被运用得炉火纯青。相比较而言,单纯阅读或者是干巴巴的口头讲述可能就显得枯燥乏味多了,在这点上,受众更愿意接受电视媒介创造出来的形象。

2. 趣味讲述

《百家讲坛》的著名主讲人阎崇年说过:"如果像教科书那样讲一些历史条条框框,没有血,没有肉,观众不爱听。"易中天也提出过"妙说,首先讲的人得有趣,有文学修养,有体验历史、品味历史、把握历史情调的能力"。可见《百家讲坛》之所以受观众欢迎,与这些学者怎样将历史知识转换成有趣的故事的能力相关。制片人万卫也对主讲人提出过一个比较特别的要求:"我们的主讲人不是站着讲,而是一屁股坐在地上讲。"这是对主讲人心态的要求,个性化同时又不乏平民化的主讲人常常会将现代版的语汇掺杂在厚重的历史事件中。易中天主讲《品三国》时,就常常将现实社会的习惯说法融入所讲内容,比如他把袁绍称为"垃圾股",把曹操称为"绩优股",称诸葛亮为"帅哥",诸如此类。再比如阎崇年在《清十二帝疑案》当中,讲到努尔哈赤一生成就的时候,就用到了"性格决定命运"这样现代化的评价。这种现代化的评述视角能够拉近观众与讲述中的历史人物的心理距离,好比把历史人物领入现代社会,给观众一种亲近之感,更深刻地体悟历史人物和艺术人物的处境与心态。

3. 设置悬念

悬念作为一种将要出现但尚未出现的受众所关心的事件的结果,能使受众产生一定程度的好奇、紧张、焦虑和间接同情,从而走进故事中。正如《百家讲坛》制片人万卫所说,我们必须像好莱坞的大片一样,要求三到五分钟必须有一个悬念,用悬念来分隔和牵引节目。因此,《百家讲坛》会精心营构悬念,设计悬而未决的冲突,充分发掘悬念的张力。在节目中,学者们常以"疑""谜""秘"等富于悬疑性的词汇对其进行修饰,逐渐引起受众的欲望和窥探心理,形成了程式化的讲述模式。

其实在《百家讲坛》中是设置有两个层次的悬念的。在播出系列节目时,节目往往根据选题内容设置一个总的悬念,一般来说是该系列的总纲和要解决的问题,如"明十七帝疑案""揭开狮身人面像神秘的面纱"等。再比如纪连海在讲和珅系列的时候,开始以《什么样的家庭造就和珅》作为开篇,第二期讲的是《崛起:连升三级的秘诀》,最后分析《面对皇帝:如何做到侍君如父》。三期节目的主题按照和珅一生跌宕起伏的经历作为总的叙述悬念,以此来层层设环、解扣,吸引观众的眼球。

另外一个层次的悬念就是在每一期节目中,还设置了不同的小悬念,来串联整期节目。这每一个小悬念其实既是每一期节目内容的转折点,又是各个部分内容的衔接点。例如,王立群读《史记》系列中有一期的主题是"公孙弘借武帝之手除掉主父偃"。节目设置了三个悬念:公孙弘作为权倾一时的丞相,为何一定要置身份低微的主父偃于死地?绝顶聪明的汉武帝理应识破公孙弘借刀杀人之计,但为何非要处死一个他非常赏识的人?公孙弘为何能一直深得冷酷的汉武帝的宠信?这种悬念式的叙述结构使叙事变得环环相扣。随着主讲人讲述的不断推进,这些疑问如抽丝剥茧般被揭开,大大加强了文本叙事的强度和展开性,同时也使节目极富层次感和深度性。通过这一个个悬念的设立和解决,加之主讲人语言的感染力和故事的曲折性,紧紧地抓住了受众的兴趣,令人欲罢不能。

五、丰富的视听元素

虽然现在的电视科教类节目已经不再是过去的灌输式教学,而是尽可能调用大众化、平民化的手段来让受众理解和接受。但是,节目时间一长还是无法摆脱其知识信息的抽象性和枯燥性的桎梏;另外,观众面对始终如一的演播室场景时不可避免地会产生视觉疲劳。对于《百家讲坛》本身来说,有点类似谈话节目的演播室设置,机位、镜头、景别等造型元素相对单调,观众容易产生收视疲劳。

实际上电视媒介长于影像表达,以电视媒介自身的直观形象来抵御学术知识的抽象枯燥,可以说是恰到好处。如果能够充分发挥电视多元化视听元素的手段,就能够让抽象的知识变成生动活泼的影像,让知识形象化、让知识生动化、让知识有趣化,会增强知识的可感性、提高知识的传播效果。因此,《百家讲坛》创造性地综合运用了多种电视手段,用大量形式多样的声画手段实现了用电视表现形式呈现历史文化故事的目的。

1. 运用动画技术实现情境再现

由于动画有很强的主观表达能力,创作者可以利用动画辅助说理讲故事。利用 Flash 动画再加上视频特效的运用,可以使原本枯燥的讲解变得像看电视剧或看电影一样,让人获得享受,从而吸引观众继续看下去,让观众在轻松而愉快的环境下学到知识。

在《百家讲坛》学者们的讲授过程中,动画出现的频率可以说是相当高的。例如,于丹在讲解《论语》系列的时候,节目组为了配合其讲解过程,制作了许多情节性比较强的有趣的动画,生动形象地"再现"了孔子当年授课的一些场景,并配合动画人物和画外音对节目内容进行解说。这样一方面可以再现讲授内容中的抽象部分,使原本枯燥的信息形象化,为观众提供了更大的想象空间;另一方面也丰富了讲授的内容,拓展了传播样式,以利于观众消除聆听疲劳,提高节目传播效率。

比较经典的还有鲍鹏山讲授《新说水浒之林冲(十三)》这期节目。除了在节目预告使用一段 Flash 动画外,在长达 43 分钟的节目时间内,一共出现了 14 次 Flash 动画,平均每 3 分钟就使用一次,有效地缓解了观众的视觉疲劳。

2. 运用影像资料片段再现历史

《百家讲坛》充分利用蒙太奇手法,将与讲授内容相关的影视剧片段适时剪辑进去。比如刘心武揭秘《红楼梦》系列中经常会插播电视剧《红楼梦》的画面;《清十二帝疑案》中经常会出现热播的清宫剧镜头;《汉代风云人物》和《品三国》中穿插了大量的战争场面,从而与讲授内容形成多元化信息的交叉,立体地再现了历史场景。客观上来说,穿插影视剧片段的做法也节约了制作成本,达到了利用视听语言使历史事件形象化的效果,还能与讲述内容相互融合、相互映衬。

3. 善用声音

电视中的声音具有很重要的渲染作用。当人们看电视时,很难想象没有声音是多么难受的事情。电视中的声音包括音乐、音响、画外音和解说等多种形式,科教类节目也是一样,可以通过声音来渲染氛围,从而增强节目的感染力。

（1）音乐

《百家讲坛》节目会根据画面的内容表达和整体节奏来匹配合适的音乐。例如，马瑞芳说聊斋系列，即在讲授中配有与剧情相关的音乐，营造一种独特的氛围，使人或紧张或轻松、或感动或深思。

（2）画外音解说

画外音解说是将提前写好的文本通过录音后加载到视频中。它附加在电视画面之外，是电视作品中一种重要的语言形态。画外音解说的主要作用是解释与概括讲述的内容、补充完善画面表达的意思以及负责画面转场等。

在《百家讲坛》中，主讲人的讲授是需要有节奏感的，去除不精练或者不合适播出的地方，用解说进行归纳、隔断和引导。因此，它是整期节目不可或缺的重要组成部分。

①提纲挈领，铺设悬念。在《百家讲坛》中，解说是主讲内容的浓缩。在每期主讲开始前，解说会对本期节目的主题进行概括，在其中的适当节点对主讲人的讲授内容做总结并提出新的分主题，从而使节目内容环环相扣。实际上解说在对主题做概括时常常会使用疑问句，引起观众的好奇，为后面的内容埋下伏笔。

譬如钱文忠解读《三字经》第13集中，节目开头的解说如下："《礼记》和《诗经》都是儒家文化的重要经典，也许很多人没有读过这两本书，但书中很多的成语和词汇我们却经常使用，这是为什么呢？孔子说，不学诗，无以言。意思就是不学《诗经》就不会说话，真的是这样吗？是谁整理、编著了这部《诗经》？《诗经》中的'风''雅''颂'是怎样分类的？而《诗经》中的诗歌不仅语言凝练优美，而且记载了周朝诸侯国所发生的许多故事，那么钱文忠教授所讲的《新台》与《儿子乘舟》这两首诗是如何对卫宣公荒淫无耻的行为进行嘲讽的？请继续关注复旦大学教授钱文忠解读《三字经》第13集。"连续的疑问句既对节目的主题做了概述，也成功地埋下了伏笔，让观众跟着节目去找寻答案。

②结构节目的重要作用。上文所提到的解说在《百家讲坛》中起着提纲挈领和设置悬念的作用，从节目整体上看，也是起着承上启下、串联起整个节目内容的作用。另外，解说对学者的讲述做适时的总结概括，并配合影视画面做出补充和说明，也保证了整个节目的叙事节奏，快慢相间、张弛有度。

4. 字幕运用

字幕是画面、声音表达意义的延伸,不但可以提高单位时间内传播的信息总量,还可以帮助画面与声音减少大量冗余信息,加强了信息的精确性和完整性。

《百家讲坛》虽然运用了很多比较娱乐化的手段来消解节目的严肃性,但它毕竟是一档承载着学术性内容的科教类节目,单凭讲授人口头的传教很难有很好的传播效果,特别是讲到各种比较复杂的人物和历史关系时,这就更需要通过字幕来辅助表述。另外,讲述人如果有引用一些参考文献或者主讲人做出一些重要总结,节目在后期都会用字幕在电视屏幕上加以表示。

六、节目依旧存在的问题

1. 无法体现学术上的"百家争鸣"

由于节目挑选嘉宾的限制性,在一定程度上阻挡了一批学者在节目中与观众分享他们的观点。《百家讲坛》的嘉宾选择的都是以易中天为代表的极富个人魅力又深谙电视表达技巧的学者。特别是改版之后,由于选题和受众定位均发生了较大的变化,因此作为信息传递者的嘉宾也应与节目的整体风格相适应。《百家讲坛》选择嘉宾的标准如下:第一,要有学术根基。第二要有很好的电视表达能力。第三,要有个人魅力。编导和主讲人一起对演讲内容进行设计,借鉴电视剧的流行元素,设置悬念、讲究故事性。这样的要求在一定程度上限制了一批有学问但并不符合电视节目表达所需的学者走上讲台。而"百家"应该是有更多不同的学者,对某些问题提出自己的观点或争论。因此,现在"百家争鸣"这一精神在节目中的体现还不够。

2. 选题的局限性

《百家讲坛》选题虽然是以历史文化为主,但许多主题都是围绕着帝王将相、权臣宦官进行,似乎王权贵族的文化就是中国古代传统文化的全部。例如,秦可卿的原型竟是落难公主,和珅玩弄权术聚敛财富等。这些话题作为主讲者个人的研究兴趣之所在,无疑都是正常的。但是,当这些话题过于集中在《百家讲坛》时,不免让人质疑编导的策划思路是刻意用对宫闱野史或秘闻的展示来制造噱头,从而吸引观众。一个电视栏目既然主打"历史牌""文化牌",却一味热衷于"揭秘",虽然会在一定时间内引来众多猎奇的目光,但背离了精心打造栏目本身文化含量的目标,只会让观众对这种低端的策划思路和雷同的节目主题产生审美疲劳,让自己的路越走越窄。

3. 反思有待加强

《百家讲坛》中呈现的历史文化内容虽然丰富,但大多是局限在讲述史实和赞誉上,少有学者作出理性的反思和批判,难怪有人调侃《百家讲坛》是学者说书。其实在现代信息高度发达的社会,观众除了需要有人引领他们正确了解历史外,更多还需要听到学者们对这些史实的反思,帮助自己更深刻全面地认识历史,以史为鉴。

4. 节目形式或者结构的模式化

节目为了符合故事化的叙事风格,已经形成了一套模式化的节目结构,开篇的伏笔、叙述、高潮、结局,最后留下新的悬念,期期节目如此。很多类似的讲座式的节目也竞相模仿,《百家讲坛》逐步失去了往日的优势,亟待作出新的改变。

七、未来的发展

1. 提升品位

在栏目的初期,头号任务是如何用内容吸引受众以获取收视率、求得生存,故选题方面会有刻意制造噱头之嫌。但在栏目取得成功、拥有一批忠实观众之后,就要考虑如何提升栏目的品位与质量。除了关于王侯将相、古典文学等历史的热点选题之外,还有自然科学、发明创造、商业贸易、民俗传统等很多主题内容可选。节目应扩大选题范围、丰富节目内容,让观众能够更全面地了解中国的历史文化。

2. 扩大嘉宾的范围

节目组除了考量主讲人在电视上的表达能力之外,还应该适当地邀请更多不同风格和持不同观点的嘉宾上节目,让观众能听到更多元化的声音,真正体现出"百家争鸣"的精神。

3. 开发多种传播渠道

《百家讲坛》节目可以借助传统媒体,如书籍、音像制品,网络自媒体,如微博、微信等渠道,来拓宽节目内容的传播渠道。这不仅仅有利于开拓更多的受众群体,也是一种无形中的品牌推广。

4. 增加互动

节目应利用现代多元化的媒体开拓更多更有效的和观众互动的平台。一方面,可以搜集观众的兴趣点来为节目内容来源提供更多参考,还可以了解观众对节目的建议,以便作出更符合观众需求的改进;另一方面,节目组无论采取什么样的互动方式,实际上都是一种最好的对节目的隐形宣传。

【实训】

一、训练目标

收看多期《百家讲坛》,学习如何用比较娱乐化的手段包装有一定学术性的科教节目。

二、训练方案和要求

对节目的内容进行分割,了解节目的段落划分;记录下节目运用了哪几种电视视听元素;主讲人讲授的内容和学校里老师在课堂上讲授的内容区别在哪里。

三、训练提示

注意节目不同的段落之间是如何无缝衔接的。

第六篇　真人秀类节目评析

【知识目标】

　　1. 了解真人秀节目的理念；

　　2. 学习真人秀节目的内容设计；

　　3. 学习真人秀节目的宣传与推广。

【能力目标】

　　1. 掌握当下真人秀节目的创新点；

　　2. 思考如何将真人秀节目做到本土化。

【案例导入】

收看浙江卫视《奔跑吧兄弟》(现名《奔跑吧》)。

播出时间:每周五晚21:10。

节目基本内容:《奔跑吧兄弟》是浙江卫视引进韩国SBS电视台的综艺节目《Running Man》制作的一档大型的户外竞技类真人秀节目。该节目的引进并不是完全买断独立制作,而是与韩国的团队共同完成。节目是在引进原版的统一框架下,进行模仿和创作,如明星路线、游戏规则的统一性、户外竞技活动的组织性、戏剧性的活动场景呈现框架等。

节目一般都以特辑的形式呈现,每个特辑一至三期不等,每辑都有一个特定的主题,然后成员围绕主题在节目中进行分组团体战或者个人战,完成由编剧精心设计的各种游戏和挑战。在节目中因为导演事先并未告知成员们节目台本,所以大家都是在不知道具体细节的情况下开始拍摄。因此,常常会面对意外的状况难题,产生各种戏剧化"冲突",而这些全部凭借成员自身的现场应变能力进行"最真实的演出",从而使节目整体看上去像一部充满悬念与趣味的电影。当然,这也是观众期望看到的。另外,节目的形式不是固定的,会随着每一辑的主题与游戏内容的不同而改变。不同的游戏有不同的任务和规则,但所有的相同之处在于成员们一直在奔跑中。

第十一章　真人秀类节目概述

一、真人秀类节目的概念

"真人秀"是一个舶来词,翻译自英文"Reality TV"或"Reality Show"。这个词语包含了两个相反的意思:真实(记录)与虚构(肥皂剧、秀)。这一方面说明,真人秀是一种将真实与虚构融合在一起的形态;另一方面也暗示了真人秀与游戏节目、肥皂剧、纪录片及其他真实类电视节目之间的复杂联系。

在当前国内可以查找到的定义中，影响较大、较被广泛接受的，是清华大学尹鸿教授对真人秀下的定义："电视真人秀作为一种电视节目，是对自愿参与者在规定情境中，为了达到预先给定的目的，按照特定的规则所进行的竞赛行为的真实记录和艺术加工。"他的这一个定义包含了两个方面的内容：①真人秀泛指对普通人在虚拟情景与预设规则中真实生活的录制与播出，它将戏剧的虚拟性和纪录片的纪实性紧密结合在一起，并由真实性和虚拟性两个层面的内涵构成。②真人秀是由节目制作者指定游戏规则，由普通人参与并录制播出的电视游戏节目。

二、真人秀节目在中国兴起发展的背景

20 世纪 90 年代以来，中国社会政治经济发生了巨大的变化，消费市场和消费社会也在国内悄然出现，整个社会越来越受到这一消费现实的深刻影响。主流文化绝对强势地位的弱化，大众文化的迅速崛起和蔓延，使消费主义观念开始渗透到文化的创造和传播过程中。我们的电视也在经历着与之相应的转型，从一种简单的宣传与教化，转向娱乐和游戏，从纯主流意识形态的运作向商业市场逐渐接近。正是在这种时代环境下，"快乐"和"游戏"成为流行电视节目的标志，真人秀节目的出现是一种必然。

三、真人秀节目的特征

1. 普通人参与

真人秀节目通常是一个由真实人物按照特定规则从事竞争行动，从而形成一个有头有尾的完整的故事。参与者就是故事中的主人公。与电视剧不同的是，电视剧的主角是虚构的，而真人秀的主角却始终是真实的，主人公在故事中的命运可以延伸到实际生活当中。

真人秀节目的参与者通常是普通人，这是该类节目异常火爆的重要因素。各大节目的宣传语都传递给观众这样的信息：只要有自信，任何人都可以参与到节目中来。尽管最后站在决赛舞台上的选手都像明星一般光彩照人，但他们和

所有报名的人一样从海选一路走来。观众对他们有着认同感,他们追求梦想的道路和千千万万普通人追求梦想的道路一样。

2. 竞争环节的冲突性

电视真人秀节目借鉴了电视竞赛节目的淘汰制,也采用层层淘汰的方式,淘汰结果或由内部投票表决,或由观众投票决定,或由游戏结果的输赢决定,直到最后剩下一人、一对或一组。这种游戏节目所确立的优胜劣汰的竞争法则,使所有参加节目的选手必须按照这一法则行事并决出最后的胜负。残酷的淘汰规则(如每周淘汰一人)就如同上演了一场惊心动魄、情节曲折的连续剧,真实、残酷的人际竞争,以及在竞争中暴露出来的人性和隐私,吸引观众追踪收看下去。竞争性法则能带来最直观(每一个环节都会有人被淘汰出局)、最刺激(人与人的直接较量和对抗,失败者的大悲)的收视效果,所以欧美地区的大多数节目都采用这种方式,来实现节目的冲突性和戏剧性。

3. 纪实性的拍摄

真人秀节目是用纪实性手法拍摄的,带有真实记录色彩的电视节目。一开始它就借用了纪录片的这一形式要素——声画同步、时空统一来形成真实感,而由此形成的真实感也正是它吸引观众眼球的重要原因。真人秀也因此被称为"真实电视""写实电视"。一方面,相对于传统的揭秘性节目(如前面提到的谈话、综艺类节目),它提供了对视觉的直接刺激,显得更加真实可信;另一方面,相对于纪录片,它又通过事先的情景安排,提供了更为激烈、更有冲突性的戏剧性效果。

然而,真人秀的客观不是真正意义上的客观,而是在一种人为设置的情景之中展开的。竞技的空间和流程都由节目方设计并掌控,观众看到的是相对的客观,于是,镜头下选手的行为便具有天然的表演成分。但不管其如何表演,受众看到的一切表象却是真实的,是选手在真实情景之下的真实表现。

4. 故事性

作为一种电视节目,真人秀节目同样需要运用叙事的原理和策略为节目增加可看性。在讲故事中运用戏剧性手段进行悬念和冲突的设置,讲述情感历程等,都是吸引受众、创造收视奇迹和巨大的经济利润的重要因素。

四、真人秀的节目类型

1. 野外生存挑战类

这类真人秀节目是真人秀节目中较早出现的类型,也是欧美地区真人秀节目中常见的类型。同样,我国的真人秀节目也是从"野外真人秀"开始的。这种节目的主要特点就是将参与者设置在一个特殊、条件极差且往往是艰苦的环境中,如荒野、海岛、沙漠等,借助有限、苛刻的条件去完成各种难以完成的任务。在不断地淘汰之后,最后决出胜利者。节目以恶劣的环境为背景,参赛者按照预先设置的竞赛规则进行比赛,节目着重展现竞赛选手的野外生存能力。代表节目有《幸存者》《极速前进》《小人国》等,国内代表节目有广东电视台的《生存大挑战》和四川电视台的《进入香格里拉》等。

2. 表演选秀类

这类真人秀节目是真人秀节目中参与人数最多、影响最广、形式最多样的节目类型。节目的主要特点是,让具有一定才艺的参与者按照预先设置的竞赛规则进行才艺展示和表演,而专家和观众则对这些参与者进行一轮轮的淘汰、选拔,最后的优胜者将获得成为明星的机会,如《超级女声》《美国偶像》等。由于这类节目具有较高的可看性和观众参与性,逐渐成为亮点,产生了广泛的影响。

3. 创业求职类

这类真人秀节目是真人秀节目中非常新颖的类型,参赛者不是才艺表演者,而是一些在职场、商场拼搏的白领人士。作为选手,他们要在节目中完成规定的商业项目并达到一定的商业、职场要求,再由评判者(通常是某个公司的老板)根据参与者的完成情况作出选拔和淘汰的决定。在逐步淘汰之后,最后的获胜者可以获得巨额的资金或是高薪的职位。代表节目有《飞黄腾达》《富贵险中求》《龙穴》等,国内代表节目有《赢在中国》《职来职往》《天生我才》等。

4. 生活服务类

这类真人秀节目是真人秀节目中发展最快的一种类型,节目内容往往是为满足普通人生活中的某种愿望或解决某种问题而展开的比赛或体验。通过有针对性的帮助和服务,生活服务类真人秀节目在某种程度上改变了参与者的现实生活。代表节目有《天鹅》《我想要张明星脸》《改头换面》《超级保姆》等，国内代表节目有《非诚勿扰》《交换空间》《鉴宝》《十二道锋味》等。

【实训】

一、训练目标

观看任意一档真人秀类节目，要求学生思考节目的策划思路。

二、训练方案和要求

1. 学生分小组收看几档真人秀节目。

2. 学生讨论节目的类别以及这一类节目的总体特征。

3. 思考节目的冲突点在哪里。

4. 分析节目的剪辑和包装方式。

三、训练提示

1. 注意不同节目设计是针对哪些观众群体的需求？

2. 节目保持观众收看率的原因是什么？

第十二章　经典真人秀类节目评析

第一节　解析《非诚勿扰》

一、《非诚勿扰》节目简介

开播时间：2010 年 1 月 15 日。

播出平台：江苏卫视。

播出时间：每周六 21:10。

主要节目内容：《非诚勿扰》的定位是适应现代生活节奏的大型婚恋交友栏目，为广大单身男女提供公开的婚恋交友平台。

《非诚勿扰》节目设置了一个主持人和两个点评嘉宾的阵容。24 位女孩同时登台，5 个男嘉宾依次出现。每一轮都是以 1 位男嘉宾对话 24 位女嘉宾的模式展开，依次通过"爱之初体验""爱之再判断""爱之终决选""男生权利"四个环节。在第一个环节，男嘉宾刚出场时会选择心动女生，之后女嘉宾对其进行初步判断，以亮灯灭灯的方式进行选择。在第二个环节，现场播放男嘉宾一段视频，展示的是男嘉宾基本资料，如职业、现状等，女嘉宾再次作出选择。在第三个环节中出现的视频则是对男嘉宾的兴趣、爱好、特长、情感经历和朋友采访等内容的展现，以更加深入地介绍男嘉宾。之后，女嘉宾会作出第三次选择。最后，如果有两盏或者两盏以上灯亮着，就能进入最后一个环节——"男生权利"；若只有一盏灯亮着，就直接进入一对一选择环节，男嘉宾有直接决定权。有机会进入"男生权利"的男嘉宾有机会选出令自己心动的女生，但令男嘉宾心动的女生有拒绝的权利，其他两位女生只要男嘉宾愿意，就可以被带走。

在每一个环节主持人都会引导性地对男女嘉宾提问，女嘉宾也会踊跃举手发言，加强和男嘉宾之间的沟通。当涉及一些热点或者有特殊意义的话题时，两位点评嘉宾都会将其扩展开来，亮出自己的观点，并且更深入地向男嘉宾发问，以期女嘉宾能了解得更加清楚。

二、节目发展的背景

1. 来自现实的民生需求

一档电视节目的火热，大都与社会的律动合拍有关。改革开放以来，中国的市场体制改革引发社会结构多方位、多层次、多向度的变迁，社会阶层不断分化，形成不同的利益主体。在当今高速的城市化进程中，大规模的人口流动、快节奏的生活与工作、社会阶层分化的加剧与人们爱情观念的多元变化，婚恋难已经成为一个相当突出的社会问题。其中，集合了复杂的社会矛盾和价值冲突，"剩男剩女"现象已经普遍存在，成为社会上不可避免的热门话题之一，而相亲也已经成为现实社会中适龄青年们寻找伴侣的有效方法。据《中国青年报》社会调查中心的一项调查显示，74.6%的人表示身边有很多人在相亲。在参与调查的人中，"80后"占到了51.6%，"70后"则占32%。因此，电视相亲类节目契合了新的社会现实需求。

另外，在当下中国的社会文化层面，不同阶层作为新的社会力量，有各自的利益诉求。再加上阶层的定型，使其成员具有高度的群体认同感，使人们表达的欲望更强、表达的勇气更大、表达的效果更显著。特别是"80后""90后"这一代人的婚恋价值观与上一代人有着明显的区别，但此前从没有在媒体上进行过集中展现。《非诚勿扰》恰好提供了这样一个舞台，而这又正好契合了当前转型期社会独特的传媒生态，折射出中国新一代年轻人真实的社会生活状态和内心的情感需求。节目围绕着当代年轻人的情感婚恋和家庭生活问题展开讨论，通过"个人"的"秀"与"表达"来制造"话题人物"。在表达的同时，还伴随着激烈的观点交锋。因此，节目的出现正迎合了转型社会普遍的"表达"需求。

2. 电视节目竞争发展的需求

很长一段时期以来，湖南卫视在娱乐节目中独占鳌头，而东方卫视又在新闻类节目频频发力，安徽卫视以"剧行天下"占据江山，江苏卫视则似乎一直没有突破发展瓶颈。但是，2010年横空出世的《非诚勿扰》给江苏卫视的发展带来了转机。自2010年1月15日开播以来，仅半年时间，共30余次取得同时段收视第一名，同时还获得了2010年前23周中的15次全国卫视周收视率总冠军。节目以4.53%的收视率刷新了省级卫视收视的最高纪录，击败了占据娱乐节目收视王宝座长达10年的湖南卫视的《快乐大本营》，成为综艺节目新的"收视之王"，让沉寂了一段时间的相亲交友类节目再度走到台前，成为大众的关注焦点。《非诚勿扰》以"电视红娘"的面貌出现，同时应选秀节目大行其道的态势，加入真人秀节目的时尚元素，并使之成为节目内核，实现了真人秀与相亲交友两种电视类型的嫁接。节目将当时以歌唱比赛为主打的娱乐节目带入新的"相亲真人秀"时期，这也是中国电视继"综艺节目"（1998—2005年）、"选秀节目"（2005—2010年）之后的第三个发展阶段。在这一波竞争中，《非诚勿扰》撬动了省级卫视竞争格局：湖南卫视在该领域不再占据主导优势，江苏卫视开始站上前台，省级卫视的竞争格局更趋多元化，竞争程度更为激烈。

三、节目形式

1.议题的设置

江苏卫视品牌推广部主任刘原说："《非诚勿扰》绝对不是综艺节目，综艺节目所有的东西都设计过的，是以轻松搞笑为诉求，但我们希望《非诚勿扰》是一个展示人生的舞台，让多种婚恋观和人生价值观通过这个平台得以展示。"其节目策划人王培杰也认为，《非诚勿扰》应归类为原生态真人秀节目。所以，它不能满足于温情斯文的相亲交友，甚至没打算促成任何一对男女，连装出这种态度都不肯，它要的是鲜明的话题性、凶狠的两性博杀，以容纳那些困扰着人们的现实问题——金钱、房价、家庭关系、男女关系。

因而《非诚勿扰》的思路显然不同于一般相亲类节目浪漫的戏剧化包装，而是以生活本身的多元复杂性为底色来设置议题。参与节目的嘉宾都是特定社会价值或趣味的代言人。现场 24 名女嘉宾和男嘉宾之间的谈话交锋激烈，充满矛盾和冲突，凸现观点差异。节目旨在通过多位嘉宾的碰撞来凸现婚恋乃至人生价值的争论，如关于金钱、品位、出身、城乡、爱情等。这些本来就是社会普遍关注的热点，人人都可以说出自己的一套理论，再加上嘉宾们表达得直白露骨，更引人侧目，也明显带有制造话题的目的性。但是，节目中虽然表现出激烈的观点碰撞和对抗性，却缺乏内在交流的复杂性，其结果往往是热闹一时。此举容易在短时间内快速引起关注，但却缺乏稳定的价值定位。观众和媒体曾经质疑是节目故意为之，但也有评论认为："观众在意的不是他们身份的真假，而是他们所代言的话题的真假以及与时代背景的紧密度。"其实，就算出现了身份真假的争议，争议本身也能成为衍生看点，成为集聚注意力的操作点。话题迭出、争议不断，使《非诚勿扰》的收视率迅速攀升。因此，节目的这种制作套路依然没有真正解决娱乐真实与生活真实的深层矛盾。

然而，正是由于这些议题设置抓住了当下年轻人率真、张扬的性格特征，再加以充分挖掘，通过《非诚勿扰》的舞台向人们展示了年轻人的生活状态及其婚恋价值观，折射出多样的人生文化。这种借助聚焦现代人真实的婚恋观并公开展示的电视节目形式，原生态地记录了越来越功利和物质化的社会现实，展示了生活原貌，充分契合了观众的收视期待，大大满足了普通观众窥探与猎奇的心理。节目让观众不自觉地加入台上嘉宾与主持人的讨论,拉近了主持人和嘉宾与观众之间的距离,增强了观众的参与感和认同感。

2. 演播室设计

形式上的新鲜感往往最易获得观众认同。《非诚勿扰》的演播室的空间布局呈一个扇形,节目现场以主持人和男嘉宾所站位置为中轴点,24 位女嘉宾分两边站成半弧形,其中比较漂亮活泼或者是有争议、关注度高的女嘉宾往往会位于较为中心的位置。每位女嘉宾与男嘉宾都是基本相等的半径距离,这样的布局就将男嘉宾放在了舞台的焦点位置,所有的叙事都自然而然围绕他而展开;同时,他接受来自24 位女嘉宾的注视与考量,以供品评和挑选,强化戏剧效果。而男嘉宾只有通过与24 位女嘉宾的短兵相接及两位特邀嘉宾的点评,闯过三关后才可以进入"男生权利"。女嘉宾以灭灯亮灯的方式表示对男嘉宾的态度,后方大屏幕上不断减少的数字和此起彼伏的灭灯音效给现场营造一种紧张的气氛。现场观众以及评论嘉宾面对面地分别坐于舞台两侧,这样的舞台配置使现场观众能够看清楚舞台上每一个人的表现,从而加强现场参与感。

整个舞台灯光设计绚丽时尚,并以蓝色和桃红色等充满暧昧意味的色彩为主基调。其音乐渲染也极尽能事,嘉宾入场、上台、离场等都有不同的代表性音乐播出,充分彰显了不同情境下的情绪气氛。另外,远景、近景、特写等多机位设计也对观众的收视形成强劲的视觉冲击力。

3. 节目的规则

(1)制订节目规则的理念

虽然是婚恋类节目,但是《非诚勿扰》并不看重结果,反而强化过程,这一核心理念在当前的节目设计中得到了比较明确的贯彻。节目定位于嘉宾们交流本身,凸现节目的平台性,呈现个性、价值观念的多元碰撞,男女嘉宾最终能否走到一起并不是最重要的。节目设置了"爱之初体验""爱之再判断""爱之终决选"三个环节,重点表现男女之间交流和相互选择的过程,介绍男嘉宾的基本资料,同时附上亲朋好友的评价。在嘉宾选择的过程中,穿插着两位观察嘉宾的适时点评。而从节目的整体设计来看,其并不试图作出最终的价值裁判,而是呈现众声喧哗的多元声音,以使不同方面的受众得到各自不同的投射、应和,实现电视内外的自由对话。这种形式的关键在于嘉宾层次的配置,因而嘉宾之间的差异化和碰撞,成为吸引观众的最大看点。

（2）规则的创新

在传统相亲节目中,嘉宾一般成对出现,常常是男性对女性评头论足,而《非诚勿扰》则采用"多女一男"的模式,让男嘉宾单独接受多位女嘉宾的审视。这种充满着"女权"色彩的规则,让电视机前的观众倍感"新奇"。但是,节目也给了男嘉宾一项特权:一上场就可以选择自己的"心动女生",节目的叙事期待也就由此产生:女嘉宾想知道男嘉宾的叙述是否与己相关,而观众则等待验证叙述结果是否满足自己的预期,到底是"有缘千里来相会"还是"落花有意流水无情",从而就产生了"情节"的跌宕起伏。另外一个由此引出的悬念是,如果"心动女生"灭了灯而男生坚持到"男生权利"以后,还是有机会再将其请出来。设置这种权利反转环节,让男嘉宾通过三轮女嘉宾的审视后重新拥有选择权,让节目充满悬念和戏剧性,做足了呈现过程。

因此,节目的规则设置使得节目悬念与冲突不断,整个节目过程会出现很多戏剧性的变数,颇有情节剧的味道,引导观众和嘉宾、主持人一起去探寻结果。这种悬念和节目情节相融合的方式,吊足了观众的胃口,而悬念又在节目向前发展的过程中得以解答,使观众获得了完整的体验。

四、节目嘉宾

如前所述,有话题才会有看点,而话题是由人制造的,所以对于节目而言,嘉宾的选择尤为重要。《非诚勿扰》男女嘉宾所展现出来的人格特征类型就非常多元化,现介绍如下。

节目对男嘉宾的挑选往往刻意搭配完全不同"类型",各行各业的人都有。他们从事的职业既包括公务员、工程师、企业职员、工人、医生、个体老板、模特、摄影师、学生、警察、司机等常见的职业类型,也包括国家救援队员、国家级运动员、教练员、国家一级科研人员、引航员等小众化的职业类型。另外,节目中还有很多具有个人魅力的男嘉宾,如国家救援队队员王松,提倡健康生活方式的大学老师封峰,为了让更多学生有书读、愿意成立资助基金的高中老师申炜等,他们都给观众留下了深刻的印象。

由上可知,节目嘉宾的职业类型非常多样化,具有广泛的社会覆盖力和代表性。在这众多的嘉宾职业背景背后，是不同的社会阅历和差异化的婚恋观、价值观，由此带来了嘉宾多元化的观点表达。

女嘉宾大部分也都是经过节目组精心选择的。她们大多长相较好、思想新锐，敢于进行大胆直白的爱情"拷问"，具有"娱乐献身"精神；同时，她们表达欲强、言辞大胆，一些出位言论充分满足了受众的猎奇心理，往往能在节目中制造出一些令人意想不到的话题，让节目高潮迭起。此外，也展现出当下时代青年男女心中的某种真实情感状态，引发人们的道德判断。

五、节目的反思

1. 节目规则导致真实婚姻价值观的混乱

《非诚勿扰》尽管在节目创新和收视率上取得了成功，但在其号称的生活服务类方面的成效却实在令人尴尬，也就是说并没有起到真正的红娘的作用——在相亲男女中只有几个人可以配对成功，而进入婚姻阶段的成功率更低。婚恋节目如果在婚恋上不成功，却在收视率和口碑上取得双丰收，那么节目传递的可能不是一种真实的婚恋文化，而是掺杂了许多娱乐和作秀的成分。这些非真实的婚恋价值观可能不会解决真实的婚姻问题，却会让人们沉浸于语言上的、外在的和想象中的婚姻意识。

《非诚勿扰》男女嘉宾最终牵手需要经过许多在线性时间展示的环节才能完成，包括第一印象、采访提问、三段关于生活工作和感情的视频等。这些环节设计其实是为了增加节目本身的悬念，给女嘉宾的选择增加变数，而不是为了让男女嘉宾更加全面地了解彼此，这就把原本的婚恋环节变成操作性的了。当女嘉宾在各环节进展中逐一灭灯时，就把男嘉宾的整体性破坏了，而这在现实的交往中几乎是很少见的。生活中的男女交往基本上是在全面了解彼此之后才能作出判断，而不会如节目一样及时判断、随时中断。节目中的这些手段都是为节目本身效果服务的，人为地操纵了男女嘉宾的相处。这使他们不再从容地观察判断而是轻率浮躁地作出决定，不再按照现实标准全面考察爱情的可能性，而是顺着节目的规程操作自己的终身大事。节目的功能和节目的可看性在这里发生了颠倒，使得一系列外在条件的满足与否成为迅速确定爱情的标准。因此，《非诚勿扰》设置的这些环节其实本无婚恋的意义，更多的是个人的一场展演。节目过多注意形式性,追求娱乐效果,把悬念、热点、隐私等当成主要内容,却把真正的主题——爱情置于边缘。因此,《非诚勿扰》不能算是一档真正的婚恋节目,更像一个热热闹闹的秀场,嘉宾、观众在甚嚣尘上的爱情秀场中陶醉麻木,却无助于产生真正的爱情果实。在节目里,爱情更多的是成为被用来增加节目效果的手段,无论是制作方、嘉宾还是广大观众都没有意识到,这个婚恋的舞台已不是细斟慢品的相知场所,而是过客匆匆的贩卖市场;已不再是沟通理解的真诚相待,而是唇枪舌剑的酣畅表演。

2. 过于追求娱乐化的"媚俗"表现

《非诚勿扰》作为一个相亲节目,在展示当代择偶观的过程中,对民生、金钱、房子、车子、欲望、情感等流行话题进行了夸张和放大,对传统价值观念的挑战和颠覆成为人们关注的焦点,成为猎取人们"好奇心"的最大筹码。"拜金女""豪宅女"在这个公共舞台上显得恶俗至极,使节目组难逃媚俗的骂名。这种以爱情、征婚的名义而展开的一种唯我独尊的表演以及对金钱的崇拜,也许这是导演为提高节目收视率作的精心策划和安排,但却影响了节目的正面社会效应。

之后,当时的国家新闻出版广电总局下发《关于进一步规范婚恋交友类电视节目的管理通知》及《关于加强情感故事类电视节目管理的通知》的整顿通知。各卫视纷纷对本台相亲节目进行改版,浙江卫视、安徽卫视甚至已停播此类节目。风口浪尖上的《非诚勿扰》改走"温情"路线,延聘党校女教授为评点嘉宾,表明该栏目弘扬主旋律的坚定决心;女嘉宾的言辞也趋于温和,争议性的话题被钝化,相亲成功率大大提高,节目真正的服务性质开始显现。

总的来说,作为一档婚恋类节目,《非诚勿扰》走出了婚恋节目的狭窄诉求,紧扣爱情但不局限于爱情,以平等包容的态度为嘉宾提供了一个诠释他们对爱情、亲情、贫富问题、传统家庭观念与现代生活方式的碰撞等话题认知与判断的平台。因此,节目中必然会有观点的激烈交锋和冲突。鉴于此,节目引领主流价值观的任务更艰巨,在对当今社会多元婚恋观、人生观、价值观进行全方位呈现和折射的同时,去其糟粕、取其精华,将奋斗、自信、沟通、坚强等社会主流价值植入娱乐元素,使节目在整体上呈现出健康娱乐的价值取向,而不是故意制造"火爆话题"。只有合理地讨论、正确地引导才能让观众通过节目得到真实情感体验并且能够在各种观念的碰撞中,让他们得以重新思考自己的婚恋观、人生观、价值观,在判断与取舍中重塑自己的价值和追求。

【实训】

一、训练目标

收看多期《非诚勿扰》,学习如何把真人秀和相亲服务完美地结合起来。

二、训练方案和要求

对节目的内容进行分割,找出节目中属于真人秀的成分,思考这些因素如何与相亲服务的宗旨相结合。比较这种相亲类节目和普通相亲类节目的收视效果差异。

三、训练提示

注意分析在出现激烈言辞时,节目是如何处理的。

第二节　解析《爸爸去哪儿》

一、《爸爸去哪儿》节目简介

开播时间:2013 年 10 月 11 日。

播出平台:湖南卫视。

播出时间:每周五 22:00。

主要节目内容:节目中邀请多位明星还原当爸爸的角色,每期将有 5 位明星爸爸跟子女一起进行乡村生活体验,爸爸单独肩负起照顾孩子饮食起居的责任。节目组设置一系列由父子(女)共同完成的任务,父子(女)俩在不熟悉的环境下状况百出。短短几天,将成为平日里很少有机会待在一起的父子(女)拉近距离的难忘时光。节目里让父亲着实体验了一把没有孩子妈妈在身旁,突然又当爹又当妈的艰辛。

二、节目发展的背景

1. 相关政策的影响

（1）促使教育类节目比例上升

2011年，当时的国家新闻出版广电总局颁发的《关于进一步加强电视上星综合频道节目管理的意见》文件要求，上星综合频道节目要合理安排其播出时间与类型，并精简节目数量与提高质量，促使各家上星卫视对娱乐资源进行合理的优化配置，从而提高名牌综艺的总体质量。这就不断地加剧了各家卫视的竞争，纷纷抢占黄金时间的播出权。而2013年《关于做好2014年电视上星综合频道节目编排和备案工作的通知》则在文件中明确提出要求，应进一步扩大新闻、经济、文化、科教、生活服务、动画和少儿、纪录片、农业等类型节目的播出比例，且对时间做出了具体要求，道德建设类节目需安排在6:00—24:00播出。如此一来，各家卫视为了能够提高节目中的道德建设、科教、少儿类节目的比例，则需要引进更具有教育意义的少儿或纪录片形式的电视节目。为了执行该文件指示，各大卫视纷纷缩减了选秀类真人秀的播出时间和次数，而从少儿、纪录片等节目类型找突破口，以补充因减少选秀节目带来的收视冲击和档期空白。

（2）促使综艺娱乐节目不断创新

当时的国家新闻出版广电总局下发的文件并不只是限制过度娱乐，从具体条例可以看出，它还要求各卫视将节目精简化。针对此规定，各家卫视采取调整节目播出时间或者直接切掉的措施，以便增强其自身优势。因此，两个文件的出台客观上推动了各大卫视综合自身特色和发展潜力，对节目优胜劣汰，强力打造属于自己的品牌和王牌节目，缓和了原来综艺节目泛滥、雷同的状态，并且也不断促使地方上星卫视通过各种新的手段和创意来进一步加强王牌节目的质量。两个文件虽然控制了每年度引进外来电视节目版权的数量，但同时也促使了中国本土电视制作创新能力的提升。国产节目不仅仅是对外国节目模式的模仿，而且需要通过双方合作制作以及创新研发，来创造出更多的本土化电视节目，从而加强内容产业链的升级。

2. 韩国"亲子热"对国内真人秀节目的影响

尽管韩国的真人秀节目从21世纪初就已经开始逐渐走向成熟，并且精良纯熟的制作技巧和拍摄手法促使韩国出现了诸如《X-man》《无限挑战》《Runing Man》《两天一夜》等类型的户外真人秀和谈话类综艺节目,且获得了不低的收视率。但是,2013年《爸爸,我们去哪儿》一开播,还是引起了韩国国内广泛的关注。该节目在2013年度取得了韩国收视第一的佳绩,而且成为首个获得艾美奖提名的韩国综艺节目。2013年的中国被称为"版权引进年",大量的国外综艺节目模式被引入中国,而《爸爸,我们去哪儿》作为一档全新的由明星与孩子参与的户外真人秀节目,一方面,迎合了中国国内对亲子类节目模式的需求,正好弥补了中国在亲子类真人秀节目的空白;另一方面,亲子类节目也迎合了中国社会大众不断增加的对明星家庭的窥探欲。韩国收视率调查机构AGB数据显示,《爸爸,我们去哪儿》每集的收视率都在10%左右。这档节目同时也吸引了相当数量的"中国粉丝"关注,并且建立了百度贴吧,为中国亲子节目的舆论预热。

三、嘉宾选择分析

节目组选择的是多元化背景的明星父亲与更低龄化孩子的嘉宾组合。

从地域上看,节目嘉宾来自中国各地,包括港台地区。从嘉宾的职业构成上来看,则主要由四名演员、一名主持人以及一名运动员组成;除此之外,在第一季中还有时尚界模特张亮参演,嘉宾背景非常多元化。例如,《爸爸去哪儿3》中来自加拿大在台湾地区做主持人的夏克立,在节目中充分利用其外国人身份的优势制造了很多笑点,如在教夏天说普通话时的外国人口音等;刘诺一来自一个中法家庭,其中、法教育之间的冲突自然成为又一大热点;而中国各地具有差异化的家庭教育在节目中也有相应的凸显与夸大。

在选择儿童嘉宾方面,参加的孩子平均年龄为五岁,年龄相对偏低,据了解,这也与中国观众的喜好以及文化息息相关。《爸爸去哪儿》的导演谢涤葵受访时曾表示,节目组最初就把孩子的年龄定位在4~6岁,因为他们认为这个年龄段的孩子已经有了一定的独立行为能力,却又保留了更多的童真。另外,年龄较小的孩子,则会制造出更多不可控制的状况,暴露出爸爸更多的窘态,为节目制造出更多的笑点和笑料,由此也可以看出《爸爸去哪儿》承担了很大的风险。谢涤葵在《爸爸去哪儿》第一季播出后,接受《南方都市报》采访时向记者透露:"小朋友的搭配原则上是男孩比女孩多,因为韩国原版是四个男孩和一个女孩,其中最出彩的是几个男孩子,最后选定了两个女孩和三个男孩。"由此可以看出,在男女性别选择上,节目组也是充分考虑到韩国原版的娱乐效果才对其适当地进行比例调节,以求达到效果最大化。

四、聚焦传统文化的实地体验

从《爸爸去哪儿》的拍摄场景来看,大多数是颇具中国传统文化特色或者是著名风景区,遍布中国东西南北各大区域:从陕西榆林到江西吉安,从湖南绥宁到福建南靖,从木偶戏诞生地到《西游记》拍摄地火焰山。明星老爸和孩子们每一站目的地的选址不一而足,但涵盖了中国古老文化的方方面面,无论参演嘉宾还是观众,都能通过节目对我国的传统文化有进一步的了解和思考。

《爸爸去哪儿》选择窑洞、土楼、蒙古包,甚者是具有800年房龄的古老宅院等建筑进行拍摄。例如,湖南省绥宁县关峡苗族乡大圆村站,不仅有极具魅力的自然风光与淳朴的人文情怀,而且是刘烨首部电影《那人,那山,那狗》的拍摄地。当具有800年历史的宋代古老宅院出现在镜头中时,不得不让人感慨中国的悠久历史,来自加拿大的夏克立刚开始就被"高龄房"震惊得当场大呼:"800年前还没有加拿大。"云南猛景一站,几位明星家庭入住当地极具热带雨林特色的树屋,独特的房间构造以及屋内的环境立刻引发了孩子们的好奇心。此外,节目组让孩子们到贝叶书院学习传统的跪拜礼,向爸爸致以感恩礼。因此,无论是帐篷、树屋,抑或是古老宅院,以入住体验来亲身感受中华传统文化特色,不失为《爸爸去哪儿》在本土化上作出的重大改变。

除了中国历史遗迹,中国的四大古典名著也是制作组的重要素材。节目组曾走入新疆维吾尔自治区,这个位于中国大西北、极具少数民族风情的地方,拥有丰富的西域文化以及自然风光。节目组深入《西游记》拍摄地火焰山,翻越火焰山、探秘芭蕉洞、组团摘葡萄、学习民族舞蹈,"村长"李锐更是扮成孙悟空的模样从天而降,让明星爸爸和孩子们深切地感受到了经典名著《西游记》的魅力。与此同时,也让观众目睹了刘诺一虽然出自中法家庭,但是所受到的中国经典名著的教育却并不逊色于中国家庭的孩子,这对孩童教育来说,又是深刻的一课。

五、多元化的镜头语言叙事

1. 以主观镜头为主、客观镜头为辅

《爸爸去哪儿》的叙事特点在于灵活处理，不停地变换不同的叙事视角。作为明星爸爸和孩子们参与的户外真人秀节目，整体上是以客观叙事视角来论述的，主要通过多机位摄像机，从不同的角度，全方位地对人物进行记录。在对真人秀追求真实的情况下，能最大限度地表现出节目的客观性；同时，节目通过不时变换叙事视角、抓取细节、剪辑以及弱化主持人的叙事方式，使参演嘉宾和孩子成为主角。例如，节目经常以故事中人物的主观视角进行叙事，表达人物感受。通过主观视角，包括对爸爸的访谈、加上孩子视角的字幕等方式，来深度挖掘明星与孩子之间的情绪互动，并且凸显孩子的情绪化表达。

2. 丰富的转场和空镜头交替

中国版的《爸爸去哪儿》转场镜头非常丰富，除了保留使用蒙太奇等手法来处理镜头之间的关系外，还使用了叠化（溶接）、渐隐渐现（淡出淡入）等技巧，从而使镜头语言较为丰富，节奏也相对较快。例如，在《爸爸去哪儿3》云南专辑中，节目会用空镜头，如"早餐时间""做晚饭"等引导观众，弱化主持人的作用。另外，节目经常会利用空镜头来交代故事发生的环境背景。例如，云南专集中使用了大量的以自然环境为主的空镜头来介绍热带雨林的凶险以及辽阔，使用空镜头来介绍具有云南特色的住宅——树屋，节目开头利用自然景观的空镜头来引入该期的主题等。空镜头还被用来表现时间流逝以及场合的改变，如从白天到夜晚的环境变化等。节目用镜头记录采访爸爸的过程，通过播放节目片段的空镜头来辅助表达其对教育的反思，以此凸显节目的立意，引导观众进行思考与沉淀。

3. 用访谈辅助叙事提升节目意涵

由于《爸爸去哪儿》更倾向于以追求节目的真实性和说服力来吸引观众，因而运用了更多的纪录片的拍摄手法。节目的导演谢涤葵曾担任过纪录片《变形记》的总导演，由此也更善于使用纪实的拍摄手法来诠释和升华主题。此外，节目还善于使用字幕分段来促使节目在整体上更为流畅和完整，更好地指导情节的发展。

从访谈式镜头来看,《爸爸去哪儿》第三季中共有五次访谈环节,结合剧情的发展,通过对爸爸的采访来诠释其当时的心理状态以及对孩子行为的评价,从而更能让受众映射到参演嘉宾身上,以客观的角度去审视孩子的教育和心理问题。例如,在云南,刘诺一要离开爸爸去丛林探险,情绪异常激动;而此时,镜头转向对刘烨的访谈,来评价刘诺一对自己的依赖行为。在面对大竣不舍丛林生活所表现出的感性,林永健通过访谈也称自己第一次发现儿子情感丰富的一面。通过访谈式的镜头语言,节目更深刻地展现出了父亲与孩子共同成长的历程,从而引导观众跟随节目中的人物进行自我总结和反思,这也是《爸爸去哪儿》的社会价值之所在。

4. 节目内容情节化的处理

为了达到预期效果,节目组制造了极端的环境,把情境选择在贫穷的农村,这对明星爸爸与孩子们来说是极大的挑战。例如,刘烨与刘诺一在第一集中选择了蜘蛛房,受到了极大的冲击。此时,刘烨始终无法接受事实,而刘诺一则表现出超乎年龄的成熟。节目组特意安排与实际生活情境相背离的场景就是为了凸显明星和孩子的落差,造成冲突效果。在真人秀节目中,还常使用蒙太奇手法对现实生活进行重构。这是按照编导的主观意图截取画面,然后按照一定的时空逻辑进行剪辑,因此节目所呈现的效果即为编导与制作人想要传达的意图。例如,节目刻意将镜头聚焦在夏天和诺一的友情互动以及冲突表现上,以此来赚取收视率。另外,节目组甚至用具有争议性的游戏设置来试探孩子们的反应。例如,在《爸爸去哪儿》第一季中的"砸蛋"测试,要求孩子们在其中一位爸爸故意摔坏鸡蛋的情况下奋力保护鸡蛋,借此故意打破孩子们心中守护美好生命的观念,这种设计极具争议性。

六、节目的营销策略

《爸爸去哪儿》在 2013 年可谓创下了收视高峰,无论是国内智能手机平台与湖南卫视及《爸爸去哪儿》同名手游等之间的跨界合作,还是其背后赞助商以3.11 亿元的天价冠名《爸爸去哪儿》第二季,该节目都利用现象级舆论热潮朝着更多元化的方向发展。同名手游上线首日下载量破百万,同名图书上市不到一个月库存告急,网络衍生节目《妈妈在这儿》未播出已收回制作成本,电影版《爸爸去哪儿》创下了单日拍摄时间回报率最高纪录。在业内人士看来,《爸爸去哪儿》的综艺衍生法不仅延长了自身生命周期,也带动了其延伸产业链的发展,是近年来国内综艺节目中少见的现象级作品。

知名电视人马东曾表示,综艺节目和动漫、影视产业类似,有着极强的长尾价值,但目前很多综艺节目的价值并未充分开发。但是,《爸爸去哪儿》开了很好的头。节目通过从官方网站、微博、微信等跨平台的传播,再通过手游、电影、书籍等衍生产业链的开发,迈出了综艺节目跨平台营销的重要一步,形成了节目的二次开发,以完整的节目链条满足了不同受众的需求。

1. 多渠道宣传节目

在《爸爸去哪儿》第一季开播前,湖南卫视便推出了节目首映礼,通过官方微博与微信等社交平台招募了30对亲子参与互动,实现与消费者的双向沟通。而作为首档以"明星+孩子"为主题的真人秀节目,自然会引发各类媒体和视频网站的相继报道。在节目开播后,官方微博定期发布节目预告、花絮并实时与观众互动,加上微博软文和活动的配合,充分调动网友的参与积极性,形成社会议题。除了官方微博和微信,在合作视频网站以及湖南卫视官方网站上,伴随节目同步播出《和爸爸在一起》《萌娃养成记》等相关纪录片,深度挖掘萌娃与爸妈的日常,令观众在看正片之余大饱眼福。

另外,湖南卫视还整合其频道资源,定期邀请《爸爸去哪儿》的嘉宾们参加台里其他节目录制,以此来做宣传,进一步扩大节目的影响力,提高收视率。例如,《爸爸去哪儿》的参演明星爸爸和孩子们通过《天天向上》和《快乐大本营》的录制,对节目以及春节档同名大电影《爸爸去哪儿》进行了预热宣传。为给第二季的《爸爸去哪儿》造势,湖南卫视王牌节目《快乐大本营》在节目筹备期间还专门播出了一期对热门人选进行甄选的节目,让观众猜测第二季的嘉宾将会是谁,预先引起社会舆论效应。

2. 充分开发节目的商业价值

(1)广告收入

目前在中国的电视综艺节目中,植入式营销成为重要的一环,主要形式有节目冠名、演播室内的广告元素植入、对话植入、道具植入、专场植入、片尾字幕植入等。在《爸爸去哪儿》中，某品牌牛奶和某品牌药品通过与情节、活动环节的有机结合，其广告信息悄然植入受众头脑，实现了有效的广告宣传。节目通过找到节目内涵与品牌个性的最佳切合点，使广告品牌与节目品牌和谐生存。

（2）衍生品产业

《爸爸去哪儿》超高的电视收视率，给湖南卫视和直接广告商带来的利益是无法计算的。但是，其后续的衍生价值也尤为重要。

①及时推出同名电影。湖南卫视利用春节期间观众喜欢看全家欢电影的观影习惯，在2014年、2015年春节均推出了《爸爸去哪儿》电影版。这是国内综艺节目首次推出综艺节目大电影，引起了强烈的社会反响。湖南电视台台长吕焕斌也认为，综艺节目大电影将是未来媒体发展的趋势。由此，节目播出后跟随播出同名大电影，让节目与电影上映档期紧密对接，最大限度地保持粉丝黏度，实现真人秀商业价值的最大化。

②推出同名手游。湖南快乐芒果互娱科技有限公司独家研发的《爸爸去哪儿2》手机游戏的推出，成功打造了电视广告与移动广告互联打通的经典合作方式，该游戏一经推出，其下载量便突破8 000万。该游戏通过让玩家扮演节目中任何一位明星爸爸或孩子，来完成游戏设置的各种任务。此游戏不仅仅拓展了节目的知名度，还为《爸爸去哪儿》的后续价值开发提供了参考，延续了欢乐与感动。《爸爸去哪儿》手机游戏是一款比较理想的衍生产品，通过游戏中的互动环节，增强了玩家与电视节目之间的关联度，从而让玩家更加关注节目本身。

③出版相关图书。湖南卫视陆续推出了《爸爸去哪儿》相关系列图书。2014年1月1日，节目系列图书全线上市，书中除了收录节目中的点滴感动，还专门附上独家幕后采访及节目花絮。据介绍，该书上市前已在淘宝等多家网站预售3万多册，仅北京新华书店一家就卖出500多册。

七、节目的反思

1. 对明星及其子女的过度消费

《爸爸去哪儿》借明星的噱头引起关注，以孩子们的眼泪和纯真性格为看点，披着引导主流意识对亲子教育中爸爸缺位思考的外衣，核心贩卖的却是明星隐私。

虽然《爸爸去哪儿》将节目视角对准父子(女)关系,但主角都是明星及其孩子。作为消费偶像的明星,既是可供消费的,又是促进消费的;而粉丝则是为这些消费买单的重要顾客,是大众媒介娱乐工厂的利益来源。在粉丝的消费实践中,那些对普通受众而言只是转瞬即逝的娱乐消费,可以变成一种持久的文化实践。对《爸爸去哪儿》的观众而言,通过节目所制造的产物,满足了某种消费需求,同时反过来也在对明星与孩子进行消费。这不仅仅是挖掘其隐私,还包括了对儿童现年龄阶段所不该承受的过度消费。从百度指数反映的数据可知,刘诺一在《爸爸去哪儿》节目开播之前一直处于镜头之外;而节目开播之后,对其话题的搜索率直线上升,成为可供粉丝消费的谈资。另外,真人秀多以竞争的形式展开内容,"竞争"与"冲突"是增加其可看性的常用手段。例如,《爸爸去哪儿》中的选房子环节,经常通过竞争来决定住所的归属,晚餐也是通过拍卖的形式来竞价获得食物。这些孩子被迫接受机遇、竞争等成人社会的竞技规则,而如果竞争失败,具有攀比和竞争意识的孩子会体会到失落和挫败感,对较小的孩子更会产生巨大的冲击。孩子们被束缚在一种世俗化、成人化的话语体系中,孩子成了可供娱乐的对象,迎合了大众畸形的审美价值取向。

2. 价值导向的偏离

《爸爸去哪儿》的电视文本设置是建立在生活条件富足的情况下,明星爸爸带着自己的孩子体验完全不一样的生活。在整个体验过程充满了温暖和关怀的节目中,孩子们各种搞怪的表情、滑稽的表演让观众沉浸在温馨的氛围中,越来越高的收视率又让人们的目光更多地关注在这些"星二代"身上。但是,那些真正生活在农村的儿童则需要承担着与年龄不相仿的责任。孩子本不应有贵贱之分,但电视的镜头却将大众的目光转移到那些拥有富足且光鲜生活的明星孩子身上,反而体现出了社会的差异与不平等。从节目中的环境设计来看,导演也在极力寻找大都市与农村生活之间的巨大反差,甚至通过诸如"蜘蛛房"之类的场景等人为地制造其差别,对孩子们造成心理上的巨大刺激。但是,节目外那些长期住在类似蜘蛛房里的留守儿童或贫困儿童群体却被忽略了。

在《爸爸去哪儿》中,农村常常是以与大都市对照的角色出现的。因此,从切入的角度来看,节目对城市以平视的姿态呈现,而对农村则带有浓郁的猎奇色彩,甚至带有强烈的优越感。节目中所及农村之地,也都是上述场景。当镜头聚焦在生活条件较差的农村与农民身上时,从他们眼里看到的是惊奇与诧异,甚至他们并不知道住在他们附近的就是银屏上频繁出现的明星。节目中明星父子（女）的穿着更像是一场时装秀,这与当地农村村民的穿着消费水平相差甚远,社会等级与贫富对比均出现在节目的镜头中。面对陌生的生存环境,面对和都市生活的巨大反差,"星二代"们必须完成节目设置的各种任务,经历从一片茫然、手足无措,到寻找对策、完成任务的各个环节。当他们被节目设计的环节折磨得叫苦不迭的时候,观众们却在满足私欲的基础上享受了角色反转的满足感。

【实训】

一、训练目标

收看多期《爸爸去哪儿》,学习如何在真人秀节目中进行情节化设计。

二、训练方案和要求

通过收看节目,仔细分析大小嘉宾之间的矛盾冲突是如何产生、激化的。思考在同样的情境之下,能否设计出其他的任务。

三、训练提示

注意节目设定的环境和需要完成的任务之间的联系。

第三节 解析《中国好声音》

一、《中国好声音》节目简介

开播时间:2012 年 7 月 13 日。

播出平台:浙江卫视。

播出时间:每周五晚 21:10。

主要节目内容:《中国好声音》(*The Voice of China*)源自荷兰制作的电视节目模式——《荷兰之声》(*The Voice of Holland*)。2012 年,中国灿星制作购买了 *The*

Voice of…版权,与浙江卫视共同投资、联合制作,将中国版的 *The Voice of…*命名为《中国好声音》(*The Voice of China*)。在制作上,参考了 *The Voice of…*的美国版(《美国之声》)与英国版(《英国之声》)的本土化成功营运模式,制作出中国本土化版本。

节目由四位著名歌手作为明星导师。四位导师通过挑选、言传身教、相互竞争等方式,选拔那些怀揣梦想、具有天赋才华的音乐人。竞争的模式是评委通过盲听的方式(即背对演唱者,看不到演唱者,只听声音)选择自己喜爱的选手进行下一步的培养。确定选择之后,导师转过身去。如果有多位导师转身,这些演唱者又可以选择谁作为自己的指导老师。在每位导师选完八名选手之后,节目进入第二阶段,即导师考核。每位选手在接受导师指导之后,进行队内 PK,最终选出 1 名选手,与其他导师选出的选手进行终极较量,最后选出总冠军。

二、节目发展的背景

1.选秀节目的式微

随着《超级女声》在中国的爆红,真人秀节目在各大电视台层出不穷。这一时期的节目卖点不再单纯关注于专业的表演抑或是评选的过程,各大电视台为了追求收视率,不惜从评审与选手身上挖掘绯闻、制造话题,节目内容和点评也都经过渲染与包装,使电视选秀演变为一场表演秀。此时,围绕着提高收视率而采用的各种炒作手段更是将秀的本质发挥得淋漓尽致,各大节目使出浑身解数,秀眼泪、秀毒舌、秀选手,甚至从台上秀到台下。然而,这样过于强调秀的结果,是最终导致中国选秀节目萎靡不振。

2.自主品牌的创立

选秀节目的狂热引发大量模仿,各大卫视也都利用一切资源打造本台的品牌音乐类选秀节目,努力提高自己的收视率和广告份额,《梦想中国》《我型我秀》《绝对唱响》《名声高徒》《快乐男声》《超级星光大道》等各大音乐类选秀节目登上了电视荧幕。一时间,国内的综艺娱乐节目发展到了白热化的程度。各个综艺节目之间的恶性竞争也造成同质化、跟风模仿、劣质抄袭、创新力不足等一系列的问题,结果导致了观众的审美疲劳。

3. 相关部门的规范

2011 年,基于对节目品质的管控,当时的国家新闻出版广电总局开始限制选秀类节目的举办,硬性规定全国选秀节目一年总数不超过 10 个,类型不得重复;同时,限制选秀节目不得在黄金时段播出,节目内容也须回归歌唱本质。

三、节目环节创新

1. 取消常规的海选

《中国好声音》摒弃了过去选秀节目的选拔方式,为了符合音乐专业性的定位,以主动搜寻的方式在全国找寻被埋没的好声音。在节目正式播出前,节目组已经历了一段漫长的学员寻找、选拔时期。从奔赴多个省份进行选手选拔,到经过进录音棚测试、背景考察等多道关卡筛选后,最终确定可以登上舞台表演的选手。这种提前过滤掉低品质选手的方式,确保了只有出众的声音才能在节目中亮嗓,让节目呈现出选手的专业化,不仅带给观众高品质的收视体验,也省去了繁杂的海选赛程制播下所消耗的平台资源与时间。可以说,《中国好声音》为中国音乐选秀节目建立了一个高门槛,打破了以往必须海选的传统模式,使选手、节目的品质得以提升。

2. 盲选

盲选这一新颖的形式是节目得以脱颖而出的创新赛制。节目评选的方式为选手选择一首歌曲演唱,期间四位评审将座椅背对选手,以声音作为主要的评选标准,只闻其声不见其貌,避免导师受选手外貌、服装、背景等从属因素的干扰。当导师们由耳朵中听到各自中意的声音时,将按下按钮、旋转座椅面向选手。此种评选方式即为盲选。

采用这样的评选方式是为了凸显节目公平、公开的选拔标准,不以貌取人,选手只要具有梦想与音乐的实力,就能登上《中国好声音》的舞台。这种评选方式颠覆了以往中国选秀节目多以貌选人的常规,不仅带给审美疲劳下的观众以耳目一新的感觉,也使比赛更加充满悬念。导师的转身与否调动了观众的神经,为节目带来新奇性与戏剧张力。

3.评委身份的转变

《中国好声音》这波选秀热潮最大的特点在于邀请知名的明星作为导师，而不是过去选秀节目中的评委。一时间，导师成了中国各大选秀节目的制胜法宝，其华丽的导师阵容更是节目博得收视率的最大看点，甚至比选手的歌声更加引人注意。不仅如此，《中国好声音》巧妙地改变了以往选秀节目中评审与选手间二元对立的关系，将评委改称为导师，选手成了导师们的学生，导师与学员之间成为相互合作的师生关系。

在节目中，导师除了点评演唱之外，在导师考核阶段还必须为学员改编歌曲、指导学员，给予他们演唱的建议。在情感的展现上，彼此之间联系着一份紧密的师生情谊，导师会因为学员的进步而感动流泪，也会因为他们的离开而不舍、难过。

在舞台上，明星导师们与学员的关系亦师亦友，各自展现出真性情以及平易近人的形象。不同于一般选秀节目中高不可攀的专业评审，师生之间不再是上对下的位阶关系，他们在节目中的真情流露拉近了与观众的距离，导师的定位从以往的权威性走向亲民性。另外，节目中导师与学员的称谓设计，展现出中国尊师重道的传统价值观，导师对学员的谆谆教诲、学员对导师的感激表现于言谈之间，令人动容。

4.师生互选

在《中国好声音》舞台上，节目将评审设定为导师，而选手为学员，评审与选手之间为师生关系，互选模式也就是在盲选环节。在此环节，选手歌曲演唱结束前，如果有评委按下按钮、旋转座椅面向选手，选手将成功晋级；如果只有一位导师转身，选手将选择加入该位导师的队伍，当有多位评审选择该位选手时，选择权就转移到了选手的手上。此外，为了使各自团队拥有实力超强的选手，在选手选择导师前，四位导师将各显神通，以说服该学员加入自己的队伍。这时，导师们的互动与调侃就成为节目的主要看点。在互选模式下，观众可以看到导师们真性情的反应，比赛气氛转为搞笑而轻松的氛围，颠覆了传统评委点评式的权威风格，更能贴近观众。

四、节目的故事性

1. 节目整体叙事策略

从节目的叙事结构来看，《中国好声音》如同一部真人版戏剧，以选手背景作为故事的核心，叙事的重点在于剧情的铺陈，呈现出起承转合的戏剧张力。节目组刻意加长了盲选的长度，以好故事为重要谋略，设计叙述技巧作为节目亮点。盲选环节每场的时间大约 90 分钟，有 10 位选手出场，每位学员所占的时间为 6 ~ 8 分钟，歌唱时间为两分半钟，其余的时间为选手上台前的个人短片介绍、内心独白与心境路程的讲述以及师生互动，来告诉观众画面背后呈现的故事。这些故事都与选手的音乐之路紧密相连，其目的在于引导观众带着情感去感受选手背后的声音。特别是对故事较为精彩者，节目组会加长该位选手的故事叙说时间。例如，徐海星的丧父经历、台湾盲人女歌者张玉霞、丧妻的朱克，皆是当期节目中最大的看点，所占的时间达 10 分钟以上。

为了使故事能够更自然地陈述，导师的发问成为推动叙事的关键。例如，徐海星那一期，杨坤老师提问："你父亲今天没来吗？"徐海星回答："我觉得我爸爸来了。"进而展开感人肺腑的故事讲述。

随着故事的铺陈，场边家属的助阵支持达到高峰，他们的紧张与不安细致地呈现于观众面前，让观众更能感同身受，从而产生情感认同。接着是情节安排，从选手们的上场演唱到导师按铃转身、点评，学员自我介绍、反选导师以及最后离场的真挚拥抱，起承转合的设计使得节目剧情跌宕起伏、引人入胜。

2. 选手的故事化包装

节目组为了迎合中国观众爱听故事的收视习惯，在开播前的选手挑选中，以 3 分声音、2 分故事作为评选标准，使在《中国好声音》里上场的选手大多都有追求梦想的苦情戏份或刻苦的故事背景。

由于节目组掌握了每位上场选手的背景，刻意打悲情牌，包装成完整故事，再经精心设计，与其他选手故事串联起来，达成连贯且扣人心弦的叙说形式，为的就是以选手背后的情感故事来感动观众。特别是当选手演唱完毕时，导师们对选手的提问也大多关注于歌声背后所传达的故事或是梦想，试图引起选手展开故事叙说。

不难发现,从上场选手的视频介绍、上场前发言,到师生互动等环节,所叙说的故事大都涉及梦想、家人、爱人、家乡、挫折等元素。例如,带着对家乡情感赤脚歌唱的选手黄鹤、为完成父亲遗愿而参赛的徐海星以及为未婚妻献唱的葛林,他们的歌声中都有着背后的故事,尤其是关于感情和家庭的故事往往更容易被选手们所介绍。

上述选手所叙说的故事中不乏情感性、戏剧化等元素,为的是凸显选手声音背后的故事,以此来感动受众。在歌手演唱的同时,画面一旁以文字标示选手的年龄、职业、家乡以及选手故事短评,如"单身父亲想要用歌声为女儿赢得美好的未来(朱克)""为完成父亲遗愿献歌舞台(徐海星)""今天结婚的'80后'丈夫为'90后'新婚妻子献歌(葛林)"等。此举为的是让观众在聆听选手演唱时,能够呼应其背景故事,对喜爱的参赛者产生自我投射的现象,尤其对参赛者的成长背景、节目中流露出的个性以及表演产生情感认同,对照自身经历产生共鸣,从而更能深刻感受演唱者在歌曲里所蕴含的情感,加速感动。

五、积极价值观的引导

励志等积极价值观的传递与弘扬为《中国好声音》的核心主轴。节目标榜以声音为主要的评选标准,坚持公平、公正的宗旨,只闻其声不以貌选人。节目一开始即由导师们的开场白宣示了以音乐为主的诉求,"作为一个好的歌手,最根本的就是你的声音""不在乎你的外貌、年龄、职业,一切全凭借你唱歌的实力"等,传递出积极向上、乐观、坚持梦想、努力奋斗的精神。上文提到的盲选赛制的实行就是对此最好的体现。

节目对积极价值观的引导主要通过选手个人的背景故事以及离场环节来达成。《中国好声音》的选手大多来自平凡家庭,从平凡人实现梦想、成为舞台上的明星的那一刻,仿佛实现了人生的一次大转折,带给观众一种奋发向上的正能量。在选手离场环节,更是释放正能量的最佳时刻。在导师终极审核阶段被淘汰的歌手都是才艺出众的选手,虽然离冠军只有一步之遥,但他们没有因为被淘汰离开而难过、气馁,仍然以正面、乐观、积极的态度面对被淘汰的命运。比赛中他们用自己的经历告诉观众,要坚持对梦想的追求,脚踏实地、勇敢执着,以正面的态度面对挫折,让观众感受到在此赛场上没有胜败荣辱与名利之争,提倡的是年轻人坚持梦想、努力奋斗的主流价值观。

另外,在节目中,四位导师一改过往选秀节目中出现的"毒舌"形象,以鼓励的姿态激励学员坚持梦想。例如,在节目中刘欢给予一个因喜爱唱高音而使嗓子坏掉的选手以鼓励;张惠妹在学员王拓遭到媒体评审团淘汰离开时,给他拥抱并发表感言;选手伍佳丽由于身材矮小遭前男友抛弃,庾澄庆对她所说的激励话语等,皆给予了学员与观众正面的力量。这些导师如同一盏盏明灯,指引着学员的音乐道路、给予他们中肯的建议以及向上的动力。他们彼此之间的互动亦师亦友,导师们在节目中会为学员而感动、流泪,师生之间的真挚情感令不少观众动容。尤其是不论选手入选与否,在离场之时导师们都会给予他们一个真挚的拥抱,激励他们继续努力。因此,失败的选手将带着导师的祝福与建议离开,这样的温暖与鼓励彰显着"坚持自我的梦想、为梦想而努力"的意象,向观众传递着正面向上、积极面对生活的态度。

六、节目的运营

1. 制播分离、利润分成

《中国好声音》经由 IPCN(一家传媒业务公司)取得荷兰 Talpa 公司的 *The Voice of...*原版代理权后,将其制作权授予灿星制作公司,而浙江卫视则凭借着过去节目制作经验确立的品牌形象与资源高度整合的平台,得到了版权方的青睐并被授予了播出权。节目的成功营运来自制作方与电视台的深度合作模式,节目制作之前,双方签订了协议,约定"只要节目在每周黄金时段(周五 21:15—23:00)的收视率超过 2%的市场份额,双方就以制作方占大成的比例取得广告收入;若收视率不到约定标准,前期投入费用将由制作方独立承担"。外界将其称为"对赌协议"。如此一来,广告分成避免了制作单位为了控制成本而忽略节目品质;相反,巨大的利润空间让制作单位为了赢取更高的收视率与广告收入,会竭尽全力地制作出最好的节目。

节目的具体合作由灿星制作占主导,负责节目层面的运作,包括现场录制、后期剪辑以及和国外专家的接洽等；而浙江卫视节目组则主要负责节目所需的技术层面以及广告招商工作。节目中观众们所看到的顶级导师、专业制作人员、原版转椅以及明星级伴奏乐队等优质内容，都是广告分成的制播分离模式所带来的压力和动力。这种合作模式通过双方共同投入、共担风险以及共享利润的方式，最大限度地保障了节目的质量。

2. 贩售版权

《中国好声音》利用了视频与电视互补的特点，将节目版权内容出售给视频网站并建立合作机制，借以扩大传播渠道，来增加节目的影响力。另外，得益于制播分离，灿星制作不仅可以获得与电视台合作的收益，同时也能在视频网站的授权上获得收益。在《中国好声音》的第一季，灿星制作将节目授权给爱奇艺、搜狐、腾讯等视频网站。为了让高成本的投入能快速回本，节目向网站贩售的价格较高，在第一季所合作的视频网站都只拥有非独家播放版权。随着第一季《中国好声音》的合作成功，第二季节目的网络播出权以及广告推广等合作在 2013 年年初便得到各家网站的争相购买。在激烈竞争后由搜狐视频夺下《中国好声音》第二季的首播独家播映权。节目在搜狐的播出为网站带来了很好的收益和成绩，获得了大量的新用户，收入和播放量等都创下行业的新纪录。从搜狐视频的网络播放、浙江卫视的收视率以及用户的互动和口碑来看，均高于其他节目。

因此，《中国好声音》利用视频网络平台的传播特点，将节目版权内容出售给视频网站以扩大传播渠道，与电视媒体之间形成线上线下宣传、互动的全方位营销，实现平台方、内容方、赞助方的三方共赢。由此可见电视与网络视频的互补在节目营销的推广显得更为重要，不仅能使收益最大化，更能打造节目内容整合的优势地位。

3. 开发衍生品产业链

（1）衍生音乐产品

《中国好声音》将目光投向整个音乐产业链，制作方灿星将《中国好声音》作为音乐产业链的一环，除了节目的营运外，还整合了旗下的音乐平台资源，成立音乐公司与选手签约，打造出新一代的音乐巨星，借此获利。其内容包括学员在节目演唱中的歌曲铃声下载,签约后的商业演出,全球巡回演唱会,音乐剧,音乐电视剧,音乐电影,巡回音乐酒吧驻唱等。

（2）开发其他衍生品

《中国好声音》利用自身的优势,以"好声音"这一品牌积极向外多元化渗透,进行跨产业的发展,通过内容品牌的延伸提升衍生商品的附加价值。例如,节目开发出一系列衍生产品,包括衍生节目、唱片、电影、书籍、铃声、CD、DVD、游戏等。其中以《中国好声音》品牌为主体所延伸的其他衍生节目包含《酷我真声音》《好声音梦工厂》《好声音成长教室》《我爱好声音》,这些子节目的相继推出除了扩展话题传播外,也强化了核心节目的边际价值。

4. 利用互联网社交媒体宣传

《中国好声音》在传播模式设计与节目营销中最大的成功之处在于,充分利用电视媒体与网络微博的线上线下互动传播,为节目开辟了新的网络讨论空间。通过电视对受众进行线下方式的单向传播,再利用微博以社群人际关系搭起的平台,实现"一对多"的传播形态。从线下传统媒体的传播到微博等新媒体的线上跟进,利用意见领袖强大的号召与动员能力,充分调动观众的参与性形成社会议题,实现了节目品牌的有效传播。

浙江卫视节目组不仅开通了官方微博,还利用嘉宾和歌手微博进行宣传。在节目开播前,通过微博进行即时预告,再邀请名人、明星等意见领袖转发节目信息。利用意见领袖传播信息的影响力与权威性,从而更容易地将节目信息扩散给粉丝,让大多数人对《中国好声音》节目内容有初步印象。观众除了可以对《中国好声音》官方微博以及相关选手、明星微博进行关注外,还可以主动编写、转发、评论节目内容资讯。在微博这个平台上,通过对节目表演内容与评价结果的讨论,满足了社交媒体时代下人们即时交流的欲望,延续节目后的话题营销。与此同时,再通过其他相关活动的宣传与配合,使节目的人气与讨论热度得到进一步提升,发挥了传播交互机制的最大功效。

虽然《中国好声音》在微博上引起的轰动效应有助于节目线上的传播,但节目火红的同时也伴随着一些负面效应。例如,网络上的人肉搜索导致选手身份与背景的负面报道不断;除此之外,节目的黑箱作业传闻也一再频传。面对网友的质疑,浙江卫视趁热打铁,开播衍生节目《酷我真声音》,邀请遭到质疑或负面评论的选手进行访谈,以即时回应、厘清谣言的方式来面对挞伐声浪。

七、节目存在的问题

真人秀节目的特点在于真人真事的呈现。因此,真实性往往是观众评判的重点。对《中国好声音》制作团队致力于挖掘选手背后故事、增强戏剧化元素的行为,质疑、争议不断。在网络时代,一旦故事背离真诚,再好的故事也难免显得虚假。例如,最受争议的选手徐海星,在《中国好声音》首期播出的节目中,讲述为了实现父亲遗愿而站上舞台歌唱,不仅让导师刘欢潸然泪下,同时也感染了许多观众。然而,有网友踢爆,她曾在其他选秀节目中表示"爷爷过世、奶奶病危"。她这一重复打苦情牌的模式,被网友质疑利用亲情炒作、博取同情。

显然,选手在节目中讲述自己的悲情故事已成为一种流行,即使没有悲情故事,也要硬挤出一个故事来,赚人热泪,形成一种互相比惨的诡异现象。然而,随着节目的火爆,选手们的煽情故事在网友地毯式的搜索下日渐白热化,接连爆出选手台上台下风格迥异,舞台上打扮质朴、青涩,现实生活中浓妆艳抹、穿着华丽的负面消息,甚至选手的身世也接连被掀底,部分选手涉嫌装穷博同情。整体来看,《中国好声音》虽然在本土化改造上有不少创新,它的成功从高收视率、广告价格的攀升上也得到了验证,但火爆之下所伴随的质疑也接踵而来。虽然苦情故事能感动观众与评审,但过度渲染最终只会让观众嫌弃。

【实训】

一、训练目标

收看多期《中国好声音》,感受盲选环节的意义,学习节目如何对选手进行故事化包装。

二、训练方案和要求

1. 通过收看节目,仔细分析节目中哪些细节助推了盲选环节的效果。

2. 思考节目中几位导师扮演着哪些角色?

3. 理出节目给选手设定的叙事线索。

三、训练提示

请注意节目诸多包装手段对节目效果的影响。

参考文献

［1］宋蕾.中国电视节目市场概论［M］.北京:中国传媒大学出版社,2008.

［2］张小琴,王彩平.电视节目新形态［M］.北京:中国广播电视出版社,2007.

［3］任金洲.电视策划新论［M］.北京:中国广播电视出版社,2002.

［4］李岭涛,李德刚,程文.中国最具影响力的 CCTV 栏目［M］.北京:社会文献出版社,2008.

［5］石长顺.电视栏目解析［M］.武汉:武汉大学出版社,2008.

［6］项仲平.电视栏目与频道策划研究［M］.北京:中国广播电视出版社,2007.

［7］汪文斌,胡正荣.世界电视前沿［M］.北京:华艺出版社,2001.

［8］欧阳宏生.电视批评论［M］.北京:中国广播电视出版社,2000.

［9］游洁.电视策划实务［M］.北京:中国传媒大学出版社,2004.

［10］王晴川.对我国财经类电视节目的思考［J］.南方电视学刊,2004(3):34-35.

［11］周冬梅.电视社教栏目引入娱乐元素的意义［J］.中国广播电视学刊,2002(7):68-69.

［12］刘斌.中国电视科普节目"瓶颈"现象探析［J］.广播电视学刊,2004(1):33-34.

［13］张艳秋.从"探索·发现"看纪录片创作观念的变化［J］.中国电视,2006(1):49-51.

［14］钱颖.浅析我国科技电视节目之现状［J］.电视研究,2001(9):52-53.

［15］柏天旸.中外科学实证类电视科普节目创作对比研究［J］.前沿,2015(5):20-23.

［16］沈忱.由《非诚勿扰》看电视传播中的"蝴蝶效应"［J］.传播文化,2011(4):11-14.

［17］张铮铮.浅析电视新闻的特点与竞争力的提升［J］.现代经济信息,2013
(21）:40.

［18］杨帆.中央电视台《第一时间》特色探析［D］.保定:河北大学,2009.

［19］万红霞.电视新闻软评论探究［D］.保定:河北大学,2009.

［20］闫荟宇.冲突　融合　平衡——解读《一虎一席谈》［D］.苏州:苏州大
学,2010.

［21］叶林.新闻评论类电视谈话节目研究——凤凰卫视《时事开讲》个案分析
［D］.南昌:江西师范大学,2009.

［22］韦帝.台湾谈话性综艺节目《康熙来了》发展研究［D］.南宁:广西大
学,2014.

［23］魏驰.中美电视"脱口秀"比较分析——以《壹周立波秀》《奥普拉秀》为例
［D］.长沙:湖南师范大学,2013.

［24］杨关道.自媒体的商业运作模式研究——以《逻辑思维》为例［D］.开封:河
南大学,2015.

［25］崔保宁.论科学实证类节目的戏剧化表述——以《原来如此》节目为例
［D］.保定:河北大学,2015.